Rente mit 67

Konsequenzen für Versicherte, Rentensystem und Arbeitsmarkt

Adrian Ottnad,
Reinhold Schnabel

Rente mit 67

Konsequenzen für Versicherte, Rentensystem und Arbeitsmarkt

Deutsches Institut für Altersvorsorge

Impressum

Herausgeber:
Deutsches Institut für Altersvorsorge GmbH, Köln, (Eigenverlag),
Hansaring 61 · 50670 Köln,
Telefon: (0221) 16 11 21 13 · Telefax: (0221) 1 61 25 69
Internet: www.dia-vorsorge.de · E-Mail: info@dia-vorsorge.de

Autoren: Adrian Ottnad, Reinhold Schnabel

Gesellschafter:	Deutsche Bank AG, Deutsche Bank Bauspar AG, DWS Holding & Service GmbH, Deutscher Herold AG
Kooperationspartner:	Deutsche Bank Privat- und Geschäftskunden AG

Gestaltung + Produktion: TZ-marketing GmbH · Krefeld · www.tz-marketing.com

Die Broschüre kann gegen eine Schutzgebühr von 10,- Euro beim Herausgeber unter www.dia-vorsorge.de, per E-Mail info@dia-vorsorge.de oder per Fax (0221) 92394-9 bezogen werden.

Deutsches Institut für Altersvorsorge (Hrsg.),
Rente mit 67
– Konsequenzen für Versicherte, Rentensystem und Arbeitsmarkt

Köln 2006
ISBN 3-934446-29-9

Dieses Buch wurde umweltfreundlich auf 100-prozentig chlorfrei gebleichtem Papier gedruckt.

Inhaltsverzeichnis

Vorwort

Der Beschluss des Bundeskabinetts vom 1. Februar 2006, von 2012 bis 2029 das gesetzliche Renteneintrittsalter von derzeit 65 Jahren schrittweise auf 67 Jahre anzuheben, hat eine lebhafte öffentliche Diskussion ausgelöst. Im Mittelpunkt dieser Diskussion stehen zwei Fragen: Was bedeutet diese Maßnahme für die gesetzliche Rentenversicherung als solche? Und mehr noch: Was bedeutet sie für die Versicherten? Auf beide Fragen gibt vorliegende Studie Antworten.

Völlig eindeutig ist die Antwort auf die erste Frage. Die gesetzliche Rentenversicherung kann bei einem Hinausschieben des gesetzlichen Renteneintrittsalters nur gewinnen. Gleichgültig, ob die Versicherten nun tatsächlich länger arbeiten oder nicht – die gesetzliche Rentenversicherung und bei entsprechender Übertragung der geplanten Änderungen wohl auch die Versorgungssysteme des öffentlichen Dienstes stehen sich auf jeden Fall besser als bei der bisherigen Regelung. Denn entweder zahlen die Versicherten länger Beiträge und verkürzen auf diese Weise zugleich auch noch ihre Rentenbezugsdauer oder sie ändern ihre gegenwärtigen Verhaltensweisen nur wenig – dann müssen sie nach der jetzt geplanten Regelung für jeden Monat vor Vollendung des 67. Lebensjahres einen Rentenabschlag in Höhe von 0,3 Prozent hinnehmen. Ein lediger männlicher Standardrentner erlitte dadurch unter heutigen Bedingungen im Vergleich zur geltenden Regelung eine Einkommenseinbuße von insgesamt etwa 17.500 Euro. Dies senkt die Rentenausgaben spürbar. Zwar führen die Mechanismen der Rentenformel dazu, dass ein Teil der anfänglichen Einsparungen durch höhere Rentenanpassungen wieder aufgezehrt würde. Dennoch würde die gesetzliche Rentenversicherung unter dem Strich entlastet, was zugleich heißt: Durch eine Verschiebung des gesetzlichen Renteneintrittsalters von 65 auf 67 Jahre wird die derzeit recht labile gesetzliche Rentenversicherung spürbar stabilisiert.

Weniger eindeutig sind die Wirkungen dieser Maßnahme auf die Versicherten. Abgesehen davon, dass viele eine möglichst frühzeitige Beendigung der Erwerbstätigkeit und die anschließende Versorgung durch kollektive Transfersysteme, namentlich die gesetzliche Rentenversicherung, schätzen, ist ungewiss, ob für ältere Erwerbstätige in den kommenden 20 bis 25 Jahren Arbeitsplätze in großer Zahl geschaffen werden (können). Um welche Größenordnungen es sich hierbei handelt, verdeutlichen folgende Zahlen: Von den 30- bis 55-Jährigen waren 2005 rund 57 Prozent sozialversicherungspflichtig beschäftigt. Bei den über 55-Jährigen halbierte sich dieser Anteil nahezu auf 29 Prozent, bei den über 60-Jährigen sank er weiter auf knapp 16 Prozent. Über 65-Jährige sozialversicherungspflichtig Beschäftigte fanden sich kaum noch. Ihre Gesamtzahl betrug nur rund 100.000.

Sollte auf mittlere Sicht der Anteil sozialversicherungspflichtig Beschäftigter an den 55- bis 64-Jährigen auch nur auf 75 Prozent der Beschäftigtenquote der 30- bis 54-Jährigen steigen, würden künftig noch etwa 40 Prozent der 55- bis 64-Jährigen sozialversicherungspflichtige Tätigkeiten ausüben. Um sie zu beschäftigen, müssten gegenwärtig etwa 1,3 Millionen Arbeitsplätze für ältere Arbeitnehmer zusätzlich geschaffen werden. Weitere Arbeitsplätze würden für 65- und 66-Jährige benötigt. Wird für sie eine Beschäftigtenquote von 50 Prozent der Beschäftigtenquote der 30- bis 54-Jährigen unterstellt, d.h. würden von ihnen nur knapp 30 Prozent einer sozialversicherungspflichtigen Tätigkeit nachgehen wollen, wären weitere 0,5 Millionen Arbeitsplätze erforderlich. Folglich würden heute insgesamt rund 1,8 Millionen sozialversicherungspflichtiger Beschäftigungsverhältnisse für über 55-Jährige zusätzlich zu den vorhandenen Beschäftigungsverhältnissen für ältere Arbeitnehmer benötigt. Der Jahresdurchschnitt der Arbeitssuchenden läge dann nach international gebräuchlicher Abgrenzung nicht mehr bei rund 3,5, sondern bei knapp 5,5 Millionen. Auch nach Abzug offener Stellen und ohne Berücksichtigung der verbleibenden stillen Reserve bliebe ein Defizit von 4,5 bis 5 Millionen Arbeitsplätzen.

Dieses Defizit auszugleichen, ist keine prinzipiell unlösbare Aufgabe, auch wenn es illusorisch ist, hierbei vorrangig auf demographische Verschiebungen zu setzen. Zwar schrumpft die Bevölkerung im erwerbsfähigen Alter bis 2029 deutlich. Die heutige Zahl von Arbeitsplätzen würde daher zu diesem Zeitpunkt rechnerisch auch bei steigender Erwerbsbeteiligung Älterer Vollbeschäftigung ermöglichen. Doch ist diese Rechnung keineswegs zwingend. Weder ist sicher, dass die heutigen Arbeitsplätze nach Anzahl und Qualität erhalten bleiben, noch dass diese entsprechend mit älteren Arbeitnehmern besetzt werden. Letzteres wird schwerfallen in einer Gesellschaft, in der 40 Prozent der Unternehmen zum Teil aus ganz grundsätzlichen Erwägungen keine über 50-Jährigen mehr beschäftigen, und über 60-Jährige mitunter pauschal als ungeeignet gelten, anspruchsvollere Tätigkeiten auszuüben. Gewiss sind solche Sicht- und Verhaltensweisen nicht unabänderlich. Aber nachdem sie sich über Jahrzehnte entwickelt haben, dürfte es geraume Zeit dauern, bis sie wieder überwunden sind.
Dieser Einsicht trägt vorliegende Studie Rechnung, indem sie verschiedene Szenarien zugrunde legt: Unter günstigsten Annahmen in Bezug auf Wirtschaftswachstum und Beschäftigung einschließlich der Beschäftigung älterer Arbeitnehmer profitieren nicht nur die gesetzliche Rentenversicherung, sondern auch die Versicherten von einer Verschiebung des gesetzlichen Renteneintrittsalters von 65 auf 67 Jahre. Die Beiträge stiegen etwas langsamer als dies ohne diese Maßnahme der Fall wäre, und gleichzeitig würde das Rentenniveau weniger stark sinken als bislang vorausberechnet. Die Rentner verfügten in der kürzeren Rentenphase sogar über etwas mehr Geld.

Allerdings ist dieses günstigste Szenario wenig wahrscheinlich. Wird von realistischeren Annahmen ausgegangen, wird insbesondere unterstellt, dass viele Versicherte nicht die Möglichkeit haben werden, über das 65. Lebensjahr hinaus einer ertragreichen Tätigkeit nachzugehen, dann verschlechtert sich die Versorgungslage der Versicherten im Vergleich zum bisherigen Zustand. Das gilt vor allem für die Geburtsjahrgänge 1960 bis 1980.

Doch unabhängig von welchem Szenario ausgegangen wird - ein wesentlicher Befund bleibt immer gleich. Auch bei einer schrittweisen Anhebung des Renteneintrittsalters auf 67 Jahre steigt der Aufwand für die gesetzliche Rentenversicherung weiter an und die Leistungen gehen - gemessen an diesem Aufwand - fortwährend zurück. Recht wahrscheinlich werden zumindest männliche Versicherte jüngerer Jahrgänge - etwa ab 1965 - aus dem System real weniger herausbekommen als sie einst einbezahlt haben. In vorliegender Studie wird die Rechnung hierüber aufgemacht. Doch damit verliert die gesetzliche Rentenversicherung nach und nach nicht nur ihre Einsichtigkeit, sondern vor allem ihre gesellschaftliche Akzeptanz. Das heißt aber zugleich: Auch die Verschiebung des Renteneintrittsalters vom 65. auf das 67. Lebensjahr ist nur ein Glied in der langen Kette von Maßnahmen, die den Kollaps des tradierten Systems der gesetzlichen Rentenversicherung verhindern sollen. Ob dies gelingen wird, bleibt jedoch fraglich.

Bonn, September 2006

Prof. Dr. Meinhard Miegel

1. Anhebung des gesetzlichen Renteneintrittsalters auf 67 Jahre

Seit 1992 ist die Politik bemüht, das tatsächliche Renteneintrittsalter dem gesetzlichen anzunähern, um der finanziellen Erosion der gesetzlichen Rentenversicherung entgegenzuwirken und den Beitragssatz zu stabilisieren. Diese Bemühungen wurden allerdings immer wieder durch vorwiegend arbeitsmarktpolitisch motivierte Frühverrentungsmaßnahmen konterkariert. Erst in den vergangenen Jahren wurden die bislang großzügigen Frühverrentungsmöglichkeiten stark eingeschränkt, was in den kommenden Jahren das tatsächliche Renteneintrittsalter deutlich an das gesetzliche heranführen wird. Nunmehr ist, nicht zuletzt angesichts immer neuer langfristiger „Rentenlöcher" das gesetzliche Renteneintrittsalter ins Zentrum der rentenpolitischen Diskussion gerückt. Am 1. Februar 2006 hat das Bundeskabinett beschlossen, das gesetzliche Renteneintrittsalter von 2012 bis 2029 schrittweise von 65 auf 67 Jahre anzuheben. Nachfolgend werden zunächst die wichtigsten Begriffe erläutert, die Hintergründe dieser Entscheidung beleuchtet und die bislang geplanten Regelungen dargestellt.

1.1 Bedeutung des gesetzlichen Renteneintrittsalters

Das „Renteneintrittsalter" (häufig kurz „Rentenalter") bezeichnet das (vollendete) Lebensjahr, ab dem ein Versicherter erstmalig eine Rente bezieht. Im rentenpolitischen Kontext ist damit üblicherweise eine durch Beitragsleistung erworbene Versichertenrente gemeint, also eine Rente wegen Alters oder wegen verminderter Erwerbsfähigkeit. Da Erwerbsminderung nur in der Erwerbsphase und damit vor dem Ruhestand eintreten kann, liegt das tatsächliche durchschnittliche Renteneintrittsalter aller Versichertenrenten mehr oder weniger deutlich unter dem der Altersrenten.

1.1.1 Renteneintritt und Erwerbsaustritt

Das tatsächliche Renteneintrittsalter darf nicht mit dem Erwerbsaustrittsalter gleichgesetzt werden. In vielen Erwerbsbiographien fallen der Austritt aus dem Erwerbsleben und der Eintritt in die Rentenbezugsphase zeitlich auseinander. Auch in dieser Hinsicht spiegelt deshalb der für Vergleichszwecke regelmäßig – und auch in dieser Studie – herangezogene Standardrentner vielfach nicht die Realität wider.[1] Dieser tritt mit vollendetem 20. Lebensjahr ins Erwerbsleben ein, zahlt dann 45 Jahre lang jährlich den Beitrag eines Durchschnittsverdieners und erhält ab dem 65. Geburtstag die Standardrente (früher: Eckrente), die einer Anwartschaft von 45 Entgeltpunkten entspricht. Hier fallen also Erwerbsaustritt und Renteneintritt annahmegemäß zusammen, die Rentenbezugsphase schließt sich unmittelbar an die Beitragsphase an.

Der Unterschied zwischen tatsächlichem Erwerbsaustritt und Renteneintritt zeigt sich deutlich in den finanziellen Wirkungen für die gesetzliche Rentenversicherung. Sinkt (steigt) das durchschnittliche Renteneintrittsalter, erhöht (senkt) dies für sich genommen die Zahl der Rentner, was sich – in der Tendenz – entsprechend auf die Ausgaben auswirkt. Nur soweit mit einer Verschiebung des tatsächlichen Renteneintrittsalters auch eine gleichgerichtete Verschiebung des Erwerbsaustrittsalters einhergeht, ergeben sich dagegen unmittelbar auch Wirkungen für die Einnahmenseite: Mit durchschnittlich früherem (späterem) Renteneintritt sinken (steigen) dann die Lebensarbeitszeit, die durchschnittliche Zahl der Beitragszahler und – wiederum tendenziell – die Beitragseinnahmen.

1 Vgl. Ottnad, Adrian/Wahl, Stefanie (2005), S. 12ff.; Seidl, Christian (2006a), S. 193, Fn. 47.

1.1.2 Gesetzliche Regelung des Rentenzugangs

Seit 1916 ist das gesetzliche Renteneintrittsalter (die Regelaltersgrenze) das vollendete 65. Lebensjahr (§ 35 SGB VI).[2] Wer bei Erreichen dieses Alters die allgemeine Wartezeit von fünf Jahren[3] erfüllt hat, hat als Versicherter in der gesetzlichen Rentenversicherung Anspruch auf Altersruhegeld entsprechend seiner bis dahin erworbenen Anwartschaft (Entgeltpunkte).[4]

Das tatsächliche Renteneintrittsalter kann vom gesetzlichen aus verschiedenen Gründen abweichen. Naturgemäß hängt der Rentenzugang bei einer Rente wegen verminderter Erwerbsfähigkeit nicht vom Lebensalter, sondern vom Eintritt der Erwerbsminderung ab. Doch wurden vom Gesetzgeber aus arbeitsmarkt- und sozialpolitischen Gründen weitere und großzügigere Möglichkeiten eröffnet, bereits vor Erreichen der Regelaltersgrenze eine vorgezogene Altersrente zu beziehen. Schon seit 1929 bestand die Möglichkeit, „Altersrente wegen Arbeitslosigkeit oder nach Altersteilzeitarbeit" ab vollendetem 60. Lebensjahr zu beziehen. Die Rentenreform im Jahr 1957 eröffnete Frauen generell die Möglichkeit, bei erfüllter Wartezeit ab dem 60. Lebensjahr eine (abschlagsfreie) „Altersrente für Frauen" zu beziehen. Die 1972 beschlossene flexible Altersgrenze gewährte zusätzlich die Möglichkeit einer abschlagsfreien „Altersrente für langjährig Versicherte" (mit erfüllter Wartezeit von mindestens 35 Jahren)[5] ab 63 Jahren. Für Schwerbehinderte sowie Berufs- und Erwerbsunfähige wurde die gesetzliche Altersgrenze gleichzeitig auf 62 Jahre, und dann schrittweise bis 1980 auf 60 Jahre gesenkt.[6]

2 Vor 1912 lag das gesetzliche Renteneintrittsalter noch bei 70 Jahren. Vgl. zur Übersicht Kaldybajewa, Kalamkas/Thiede, Reinhold (2004), S. 497ff.

3 Diese Wartezeit gilt seit dem Haushaltsbegleitgesetz 1984. Vorher betrug sie 15 Jahre.

4 Für die Rente wegen Erwerbsminderung gelten andere gesetzliche Voraussetzungen.

5 Dabei werden sämtliche rentenrechtlichen Zeiten und nicht nur die Beitragsjahre berücksichtigt.

6 Die 1972 beschlossenen Änderungen traten 1973 in Kraft. Ein Überblick über die historische Entwicklung findet sich in Bundesregierung (2001), S. 178f.

Erst das Rentenreformgesetz 1992 (RRG 1992) leitete eine Trendwende ein. Ab 2001 sollten die abschlagsfreie Altersgrenze für die Altersrente generell schrittweise auf 65 Jahre (bzw. bei der Altersrente für Schwerbehinderte auf 63 Jahre) angehoben und parallel dazu versicherungsmathematische Abschläge für einen vorzeitigen Renteneintritt eingeführt werden. Diese Maßnahmen wurden dann 1996 zeitlich vorgezogen und die schrittweise Anhebung der Altersgrenzen bereits von 1997 bis 2001 vollzogen.[7] Nach der seither geltenden Rechtslage fallen die „Altersrente für Frauen“ sowie die „Altersrente wegen Arbeitslosigkeit oder nach Altersteilzeitarbeit“ ab 2012 ganz weg.

Allerdings blieb die Politik widersprüchlich. Während sie einerseits die Möglichkeiten der Frühverrentung in der Rentenversicherung einschränkte, hielt sie andererseits aus arbeitsmarktpolitischen Motiven an der Förderung des Vorruhestandes fest und baute diese zeitweilig sogar noch aus.[8] Die „Altersrente wegen Arbeitslosigkeit oder nach Altersteilzeitarbeit“ wurde daher weiter stark in Anspruch genommen. Da hierdurch die Rentenfinanzen zusätzlich stark belastet wurden, wurde 2004 schließlich eine Kehrtwende vollzogen. Nunmehr wurde zusätzlich auch die Altersgrenze für die frühestmögliche Inanspruchnahme der „Altersrente wegen Arbeitslosigkeit oder nach Altersteilzeitarbeit“ angehoben.[9] Diese kann seit dem 1. Januar 2006 auch unter Hinnahme der versicherungsmathematischen Abschläge erst

7 Gesetz zur Förderung eines gleitenden Übergangs in den Ruhestand (BGBl I 1996, S. 1018) sowie Wachstums- und Beschäftigungsförderungsgesetz (BGBl I 1996, S. 1461). Die nach dem Regierungswechsel zunächst ausgesetzte Anhebung der Altersgrenze bei der Altersrente für Schwerbehinderte auf 63 Jahre wurde 2000 nachgeholt; vgl. Gesetz zur Reform der Renten wegen verminderter Erwerbsfähigkeit (BGBl I 2000, S. 1827).

8 Außerdem wurde im Rentenreformgesetz 1999 (RRG 1999) die nun mit versicherungsmathematischen Abschlägen versehene Altersgrenze für langjährig Versicherte ab 2010 auf 62 Jahre abgesenkt. Dazu wird es allerdings nicht kommen; vgl. S. 33, Fn. 50.

9 Gesetz zur Sicherung der nachhaltigen Finanzierungsgrundlagen der Gesetzlichen Rentenversicherung (BGBl I 2004, S. 1791) (RV-Nachhaltigkeitsgesetz).

ab Vollendung des 63. Lebensjahres bezogen werden. Allerdings wurden dabei älteren Jahrgängen erneut recht großzügige Übergangsregelungen eingeräumt, die noch zehn Jahre nachwirken.[10]

Nach Auslaufen dieser Übergangsregelungen können lediglich noch Schwerbehinderte vor Vollendung des 65. Lebensjahres eine abschlagsfreie Altersrente beziehen und zwar ab dem 63. Lebensjahr. Auch eine vorzeitige Altersrente unter Inkaufnahme versicherungsmathematischer Abschläge steht dann nur noch langjährig Versicherten und Schwerbehinderten offen. Sie können den tatsächlichen Renteneintritt höchstens um drei Jahre vorziehen.

Die seit 1996 geltenden versicherungsmathematischen Abschläge gehen als Zugangsfaktor (§ 77 SGB VI) in die Ermittlung des individuellen Rentenanspruchs eines Versicherten ein. Für jeden Kalendermonat, um den (bei sonst erfüllten Voraussetzungen) der Eintritt in die Altersrente vorgezogen wird, beträgt der Abschlag 0,3 Prozent. Für jeden Monat, um den er über das vollendete 65. Lebensjahr bzw. das maßgebliche gesetzliche Renteneintrittsalter hinausgeschoben wird, wird ein Zuschlag von 0,5 Prozent gewährt. Für Renten wegen verminderter Erwerbsfähigkeit, Erziehungsrenten sowie Hinterbliebenenrenten gelten entsprechende Abschläge, wenn der Renteneintritt jeweils vor vollendetem 63. Lebensjahr erfolgt. Zuschläge werden hier bei Renteneintritt nach Vollendung des 65. Lebensjahres gewährt.[11]

Das gesetzliche Renteneintrittsalter übt zusammen mit der Höhe der versicherungsmathematischen Ab- bzw. Zuschläge erheblichen Einfluss auf das tatsächliche Renteneintrittsverhalten aus, fixiert dieses aber nicht. Das bislang geltende Rentenrecht belässt einem großen Teil der Versicherten

10 Vgl. Pfeiffer, Ulrich/Simons, Harald (2004), S. 47.

11 Daneben enthält § 77 SGB VI eine Reihe weiterer Bestimmungen für besondere Fälle eines Renteneintritts vor dem 60. Lebensjahr sowie Übergangsregelungen.

auch weiterhin Spielraum bei der Festlegung des eigenen Renteneintrittsalters. Allerdings wird dieser Spielraum auch durch arbeitsrechtliche Regelungen und Vereinbarungen mitbestimmt. Es existiert Aber keine gesetzlich vorgeschriebene Grenze für die Erwerbstätigkeit. Wann ein Arbeitsverhältnis altersbedingt endet bzw. der Ruhestand eintritt, ist in Deutschland Gegenstand arbeitsvertraglicher, betrieblicher und tarifvertraglicher Vereinbarungen. Insoweit hat eine Änderung des gesetzlichen Renteneintrittsalters keinen (unmittelbaren) Einfluss auf den arbeitsrechtlichen Eintritt in den Ruhestand. Da das Erreichen der Regelaltersgrenze weder automatisch eine Beendigung des Arbeitsverhältnisses nach sich zieht noch dessen Kündigung rechtfertigt, enthalten viele bestehende Vereinbarungen eine Klausel, die eine Beendigung des Arbeitsverhältnisses mit Vollendung des 65. Lebensjahres vorsieht. Derartige Klauseln stießen, soweit sie kollektiv vereinbart waren, zwar in der Vergangenheit teilweise auf rechtliche Bedenken, weil darin eine Einschränkung der grundgesetzlich garantierten Berufsfreiheit (Art. 12 GG) gesehen wurde. Das Bundesarbeitsgericht sah sie in seiner Rechtsprechung jedoch bislang als zulässig an, wenn die betroffenen Arbeitnehmer bei Erreichen des 65. Lebensjahres durch eine gesetzliche Altersrente wirtschaftlich abgesichert waren. Bei einer Anhebung der Regelaltersgrenze auf 67 Jahre wäre diese Voraussetzung häufig nicht mehr erfüllt, eine entsprechende Klausel daher entweder unwirksam oder – falls im Vertrag ausdrücklich auf die Altersrente Bezug genommen wird – künftig möglicherweise dahingehend auszulegen, dass das Arbeitsverhältnis erst mit 67 Jahren endet.[12] Um Rechtsunsicherheit und zahlreiche arbeitsgerichtliche Auseinandersetzungen zu vermeiden, ist daher bei Anhebung der Regelaltersgrenze eine entsprechende Klarstellung durch den Gesetzgeber erforderlich.[13]

12 Vgl. Nebeling, Martin (2006).

13 Abzuwarten bleibt, ob entsprechende Vertragsregelungen nach Umsetzung der EU-Antidiskriminierungsrichtlinie durch das Allgemeine Gleichbehandlungsgesetz (AGG) vom 14. August 2006 und im Lichte der jüngsten Rechtsprechung des Europäischen Gerichtshofs (EuGH v. 22.11.2005 – C 144/04) und des Bundesarbeitsgerichts (BAG 7 AZR 500/04) zum Verbot einer Diskriminierung aufgrund des Alters weiter einer gerichtlichen Überprüfung standhalten.

1.2 Renteneintrittsverhalten in der Vergangenheit von Frühverrentungspolitik bestimmt

Das tatsächliche Renteneintrittsalter war in den vergangenen Jahrzehnten in Westdeutschland stark von der seit den siebziger Jahren geübten Praxis der Frühverrentung geprägt.[14] Bei Männern sank das durchschnittliche Eintrittsalter bei Altersrenten als Folge der 1973 eingeführten Möglichkeit, abschlagsfrei schon vor Erreichen der Regelaltersgrenze in den Ruhestand zu treten, binnen weniger Jahre um rund drei Lebensjahre (vgl. Abbildung 1). Auf diesem Niveau verharrte es in der Folgezeit bei geringeren Schwankungen. Erst in den vergangenen Jahren führte der Abbau abschlagsfreier Frühverrentungsmöglichkeiten wieder zu einem spürbaren Anstieg des Eintrittsalters. Bezieht man die Erwerbsminderungsrenten mit ein, ging das durchschnittliche Eintrittsalter aller Versichertenrenten[15] in den siebziger Jahren sogar noch stärker zurück. Seit den achtziger Jahren steigt es jedoch wieder an.[16] In Ostdeutschland verläuft die Entwicklung nach anfänglich starkem, vor allem arbeitsmarktpolitisch bedingtem Rückgang des Renteneintrittsalters inzwischen nahezu parallel zu der in Westdeutschland. Allerdings liegt das durchschnittliche Renteneintrittsalter jeweils um rund zwei Jahre niedriger als in Westdeutschland.

14 Zu den entsprechenden Anreizwirkungen des Systems vgl. bereits Antolin, Pabloa/Scarpetta, Stefano (1998).

15 Renten wegen Alters und wegen verminderter Erwerbsfähigkeit; vgl. Glossar.

16 Das Eintrittsalter bei den Erwerbsminderungsrenten war in den vergangenen Jahren allerdings weiter rückläufig und liegt derzeit bei knapp 50 Jahren; vgl. Bundesregierung (2006).

Bei den westdeutschen Frauen (vgl. Abbildung 2) ist das durchschnittliche Renteneintrittsalter insgesamt nicht so stark wie bei den Männern gesunken. Abgesehen von einem deutlichen Rückgang Anfang der achtziger Jahre war es bei den Altersrenten vergleichsweise stabil. Einschließlich der Erwerbsminderungsrenten erfolgt der Renteneintritt heute in einem höheren Alter als noch Anfang der sechziger Jahre. Das West-Ost-Gefälle ist bei den Frauen noch ausgeprägter als bei den Männern. Insgesamt gingen die Frauen in Westdeutschland seit den siebziger Jahren im Schnitt später als die Männer in Rente. Denn viele Frauen sind wegen der Kindererziehung in der Vergangenheit häufig vorzeitig aus dem Erwerbsleben ausgeschieden und konnten eine Rente erst mit Erreichen der gesetzlichen Altersgrenze antreten, weil sie vorher die erforderlichen rentenrechtlichen Voraussetzungen

Abbildung 1:
Durchschnittliches Renteneintrittsalter bei Männern 1960-2004

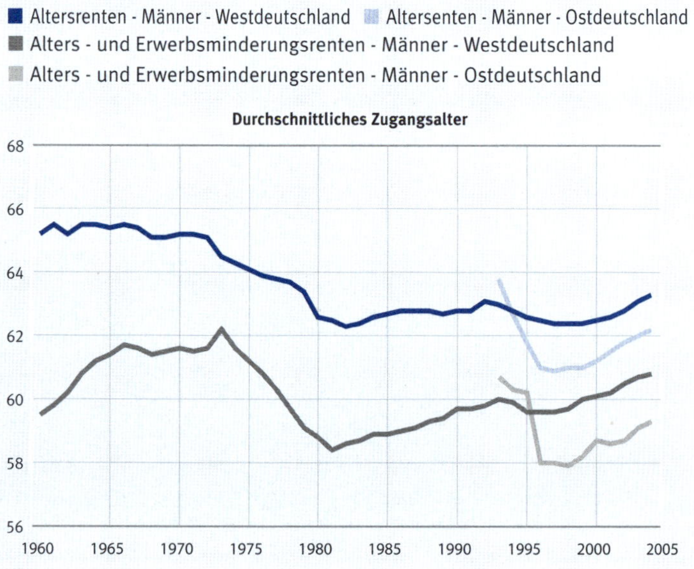

Externe Daten:
Alle Zahlen zu den Abbildungen finden Sie im Internet unter: www.dia-vorsorge.de/rente67/

Quelle:
DRV, Grafik IWG BONN

(Warte- und Versicherungszeiten) nicht erfüllten. In den vergangenen Jahren hat sich das durchschnittliche Renteneintrittsalter beider Geschlechter insgesamt allerdings deutlich angenähert. Bei den Altersrenten stimmen die Werte von Männern und Frauen mit 63,3 bzw. 63,4 Jahren inzwischen fast überein. Anders in Ostdeutschland: Hier treten die Frauen die Altersrente durchschnittlich ein Jahr früher als die Männer an.

Abbildung 2:
Durchschnittliches Renteneintrittsalter bei Frauen 1960-2004

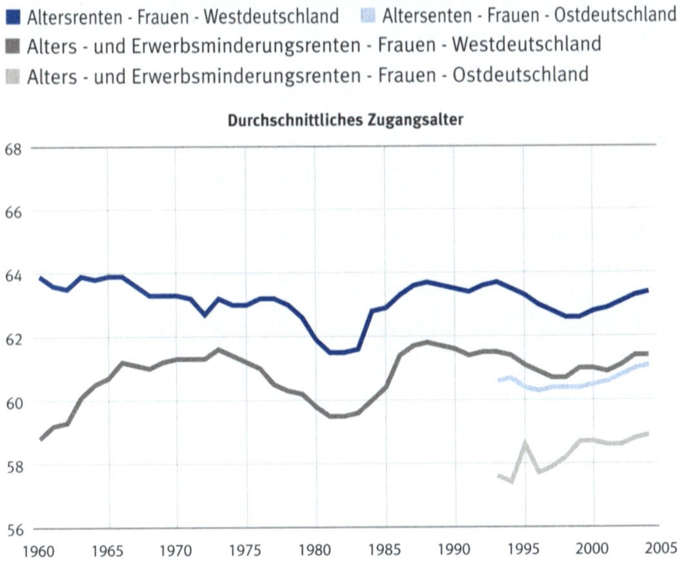

Externe Daten:
Alle Zahlen zu den Abbildungen finden Sie im Internet unter: www.dia-vorsorge.de/rente67/

Quelle:
DRV, Grafik IWG BONN

Das Durchschnittsalter der Rentenzugänge eines Kalenderjahres spiegelt verschiedene, sich zum Teil überlagernde Einflüsse wider. Dazu gehört auch das jeweilige Altersprofil der Bevölkerung. Befinden sich zum Beispiel geburtenstarke Jahrgänge in einem Alter, in dem gehäuft Erwerbsminderung auftritt, senkt dies tendenziell das Durchschnittsalter insgesamt (und umgekehrt). Langfristige Änderungen im tatsächlichen Renteneintrittsverhalten treten deshalb klarer hervor, wenn man die langfristige Entwicklung des

Renteneintrittsalters einzelner Geburtsjahrgänge betrachtet. Abbildung 3 zeigt, dass vor allem bei den bis zum Ende des Ersten Weltkrieges geborenen Jahrgängen das tatsächliche Renteneintrittsalter fast kontinuierlich sank. Bei den danach geborenen Jahrgängen setzte sich dieser Rückgang nicht weiter fort. Das Eintrittsalter bei der Altersrente änderte sich bis zum Jahrgang 1939 kaum, bei den übrigen Versichertenrenten stieg es wieder an. Würde die geplante Anhebung des gesetzlichen Renteneintrittsalters um zwei Jahre langfristig voll auf das tatsächliche Renteneintrittsalter durchschlagen, dann entspräche das Renteneintrittsalter etwa ab dem Jahrgang 1970 wieder dem der vor 1910 geborenen Jahrgänge.[17] Ob und wann es dazu kommt, ist allerdings ungewiss.[18]

Abbildung 3:
Durchschnittliches Renteneintrittsalter bei Männern und Frauen der Geburtsjahrgänge 1904-1939 (Westdeutschland)

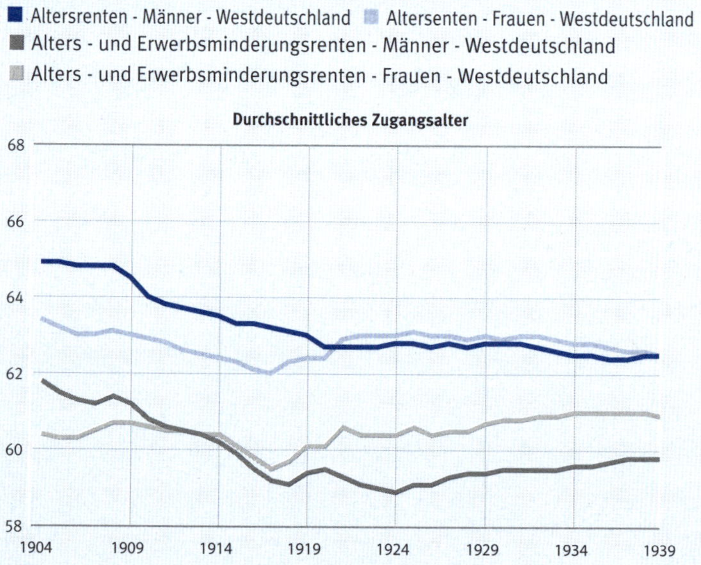

Externe Daten: Alle Zahlen zu den Abbildungen finden Sie im Internet unter: www.dia-vorsorge.de/rente67/

Quelle: DRV, Grafik IWG BONN

17 Dies gilt insbesondere für die Altersrenten.

18 Hierauf wird in Abschnitt 2.2 näher eingegangen.

Auch unabhängig von der künftigen Anhebung der Regelaltersgrenze dürfte sich der Anstieg des tatsächlichen Renteneintrittsalters in den nächsten Jahren weiter fortsetzen und zwar schneller als bis vor kurzem erwartet. Noch 2003 war die „Rürup-Kommission" in ihren Vorausberechnungen davon ausgegangen, dass das tatsächliche durchschnittliche Renteneintrittsalter (für alle Versichertenrenten in Deutschland) aufgrund der 1992 und 1999 beschlossenen Rechtsänderungen von 2002 bis 2030 um etwa 1,7 Jahre steigen würde.[19] Stattdessen betrug der Anstieg aber allein in den vergangenen drei Jahren schon rund ein halbes Lebensjahr. Inzwischen liegt das tatsächliche durchschnittliche Renteneintrittsalter in Deutschland bei rund 61 Jahren. Dazu hat nicht zuletzt die 2004 beschlossene weitgehende Abschaffung der Frühverrentungsmöglichkeiten beigetragen. Sie wird auch in den kommenden Jahren weiter Wirkung entfalten, wenn die Übergangsfristen für die Inanspruchnahme der früheren Regelungen auslaufen.[20] Vermutlich dürfte daher das tatsächliche Renteneintrittsalter 2012, wenn die schrittweise Anhebung der Regelaltersgrenze einsetzt, schon deutlich über 61 Jahren liegen.

1.3 Hintergründe der Anhebung des gesetzlichen Renteneintrittsalters

Der in den siebziger Jahren eingeleitete Rückgang des tatsächlichen Renteneintrittsalters spiegelte die Veränderung gesellschaftlicher und wirtschaftlicher Rahmenbedingungen wider. Steigender Wohlstand und zunehmender Wunsch nach Freizeit einerseits, aber auch steigende Arbeitslosigkeit andererseits förderten den Trend zum frühzeitigen Renteneintritt. Ermöglicht wurde dieser frühere Renteneintritt freilich erst dadurch, dass die Politik entsprechende rechtliche Voraussetzungen geschaffen hat. Dabei dominierten zunächst sozial- und später immer mehr arbeitsmarktpolitische Motive. Der Versuch, Arbeitsmarktpolitik über die Rentenversicherung zu

19 Vgl. „Rürup-Kommission" (2003), S. 58.

20 Von diesen Vertrauensschutzregelungen konnten Versicherte bis einschließlich Geburtsjahrgang 1951 Gebrauch machen. Ein entsprechender Antrag musste bis zum 31.12.2004 gestellt werden.

betreiben, löste die Arbeitsmarktprobleme jedoch nicht, sondern verschärfte sie letztlich, weil die erforderlichen Beitragsanhebungen den Faktor Arbeit immer weiter verteuerten. Darüber hinaus wurde in der Rentenpolitik versäumt, die Alterssicherung rechtzeitig auf den demographischen Wandel vorzubereiten. Noch bevor dieser seine Wirkungen entfaltet hat, ist die Rentenversicherung in ständige Finanznot geraten. Um dieser zu begegnen und die Rentenfinanzen langfristig zu stabilisieren, wurden in den vergangenen Jahren zahlreiche Eingriffe in das System vorgenommen. Diese haben zwar die finanzielle Tragfähigkeit der gesetzlichen Rentenversicherung verbessert. Zugleich wurde aber immer deutlicher, dass die Finanznot des Staats insgesamt bislang weithin unterschätzt worden ist. Das gilt auch für das Agieren in der Rentenpolitik, die bislang darauf gebaut hat, durch eine Ausweitung der steuerfinanzierten Bundeszuschüsse die von ihr in Aussicht gestellten Beitrags- und Leistungsniveaus gewährleisten zu können. Hinzu kommt, dass die Rentenpolitik seit Jahren widersprüchliche Ziele verfolgt hat und von meist viel zu optimistischen Annahmen ausgegangen ist. Dies hat auch maßgeblich dazu beigetragen, dass die amtlichen Projektionen und Ziele in den vergangenen Jahren immer wieder massiv verfehlt wurden.

Mit der Entscheidung, das gesetzliche Renteneintrittsalter ab 2012 schrittweise auf 67 Jahre anzuheben, soll den bisherigen Zielverfehlungen und Fehleinschätzungen Rechnung getragen und die langfristige Finanzierbarkeit der gesetzlichen Renten sichergestellt werden. Zugleich sollen weitere Beitragssteigerungen begrenzt und ein freier Fall des Rentenniveaus verhindert werden. Die Anhebung des gesetzlichen Renteneintrittsalters soll einen entsprechenden Anstieg des tatsächlichen nach sich ziehen. Dies würde einerseits die Beitragszahler durch geringere Rentenausgaben entlasten. Andererseits würden die jeweils ausbezahlten Renten nicht niedriger ausfallen. Stattdessen würde sich die Rentenbezugsdauer im Vergleich zu derjenigen, die sonst je nach Lebenserwartung erreicht würde, verkürzen.

1.3.1 Zielkonflikte, Widersprüche und Fehleinschätzungen erzwingen immer neue Korrekturen

Die Handlungsmöglichkeiten der Politik sind im bestehenden System der umlagefinanzierten gesetzlichen Rentenversicherung nicht nur durch die wachsende Finanznot stark begrenzt, sondern auch dadurch, dass gleichzeitig mehrere Ziele verfolgt werden. Diese Ziele sind teilweise gesetzlich fixiert:

- **Beitragsstabilität:** Die Beitragssätze sollen bis 2020 nicht über 20 Prozent und bis 2030 nicht über 22 Prozent steigen (§ 154 Abs. 3 SGB VI).

- **Rentenniveausicherung (Sicherungsniveau vor Steuern):** Die im Jahresdurchschnitt verfügbare Standardrente darf bis 2020 nicht unter 46 Prozent und bis 2030 nicht unter 43 Prozent des verfügbaren Durchschnittsentgelts (jeweils vor Steuern) sinken (§154 Abs. 3 SGB VI).

- **Keine Rentenkürzungen:** Eine Kürzung des aktuellen Rentenwerts (und damit der nominalen Rentenzahlbeträge) aufgrund der vorgesehenen Maßnahmen zur Gewährleistung der finanziellen Tragfähigkeit („Riestertreppe", Nachhaltigkeitsfaktor) ist durch die Schutzklausel gemäß § 68 Abs. 6 SGB VI ausgeschlossen.[21]

21 2006 ist diese Regelung im Gesetz über die Weitergeltung der aktuellen Rentenwerte ab 1. Juli 2006 verschärft worden, um nominale Rentenkürzungen auf jeden Fall zu verhindern. Dies betrifft rechtlich zunächst nur die Rentenanpassung 2006. Die Bundesregierung lehnt jedoch Rentenkürzungen prinzipiell ab; vgl. CDU/CSU/SPD (2005), Zeile 4025. Um Rentenkürzungen bis 2009 zu vermeiden, sind zusätzliche Einmaleingriffe vorgesehen; vgl. Bundesregierung, Rentenversicherungsbericht 2005, S. 48.

Zusätzlich sind haushalts- und verfassungsrechtliche Mindestanforderungen zu beachten:

- **Keine Defizite in der Rentenversicherung:** Die Ausgaben der umlagefinanzierten gesetzlichen Rentenversicherung müssen durch ordentliche Einnahmen (Beiträge, Bundesmittel) gedeckt werden. Beitragssätze und Bundeszuschüsse einerseits und Rentenwert andererseits sind einander daher regelmäßig anzupassen. Lediglich Liquiditätsschwankungen können über die Nachhaltigkeitsreserve (früher: Schwankungsreserve) ausgeglichen werden. Diese muss, nachdem sie in der Vergangenheit immer weiter verringert wurde, in den nächsten Jahren wieder auf ein Mindestmaß aufgefüllt werden.[22]

- **EU-rechtliche Defizitgrenze für die öffentlichen Haushalte:** Neben den verfassungsrechtlichen Verschuldungsgrenzen sind die öffentlichen Haushalte insgesamt durch den EU-Vertrag und den europäischen Stabilitäts- und Wachstumspakt verpflichtet, das gesamtstaatliche Defizit auf höchstens drei Prozent des Bruttoinlandsprodukts zu begrenzen. Deutschland hat gegen diese Bestimmung seit 2002 fortlaufend verstoßen. Um künftig die Vorgaben zu erfüllen und Sanktionen zu vermeiden, bedarf es erheblicher Konsolidierungsanstrengungen.[23] Der Koalitionsvertrag von 2005 sieht hierzu u.a. vor, die Dynamik der Bundeszuweisungen an die gesetzliche Rentenversicherung künftig zu stoppen.[24]

22 § 158 Abs. 1 SGB VI sieht eine Änderung des Beitragssatzes vor, wenn die Nachhaltigkeitsreserve einen Korridor von 0,2 bis 1,5 Monatsausgaben zu verlassen droht. Ende 2005 lag sie nur noch bei 0,11 Monatsausgaben.

23 Vgl. Ottnad, Adrian (2006).

24 Vgl. CDU/CSU/SPD (2005), Zeilen 3344ff.

- **Verfassungsrechtlicher Schutz der durch eigene Leistung erworbenen Rentenansprüche:** Durch eigene Leistungen (Beiträge) erworbene Rentenansprüche unterliegen nach ständiger Rechtsprechung des Bundesverfassungsgerichts der Eigentumsgarantie gem. Art. 14 Abs. 1 GG.[25] Dieser Schutz betrifft zwar nicht die absolute, wohl aber die relative Höhe der Rentenleistung, die sich prinzipiell an der Eigenleistung des Versicherten zu orientieren hat. Verfassungsrechtlich strittig ist, ob auch die Rentenanpassung der Eigentumsgarantie unterliegt. Nach der bisherigen Rechtsprechung des Bundesverfassungsgerichts sind jedoch einer beliebigen Absenkung des Rentenniveaus Grenzen gesetzt. Das gilt insbesondere, wenn negative reale Renditen aus Beiträgen drohen. Zusätzlich ergeben sich weitere Anforderungen aus dem Gleichheitsgrundsatz nach Art. 3 Abs. 1 GG und weiteren verfassungsrechtlichen Normen, die den Gestaltungs- und Ermessensspielraum des Gesetzgebers in der Rentenpolitik einschränken. Angesichts der für bestimmte Kohorten schon recht niedrigen Renditen in der gesetzlichen Rentenversicherung stoßen daher weitere Eingriffe, die diese Renditen verschlechtern, auf hohe verfassungsrechtliche Hürden.[26] Damit sind auch Versuchen, das Beitragsaufkommen über eine Anhebung der Beitragsbemessungsgrenze, die „Verbeitragung" anderer Einkünfte oder die Ausweitung der Versicherungspflicht zu steigern, enge Grenzen gesetzt.

25 Vgl. hierzu und zum Folgenden Brall, Natalie/Dünn, Sylvia/Fasshauer, Stefan (2005) m.w.V.

26 Entsprechende Eingriffe dürften nach der bestehenden Rechtsprechung nur insoweit möglich sein, als sie im Rahmen einer Abwägung mit gleichwertigen Rechtsgütern unter Berücksichtigung des Verhältnismäßigkeitsgrundsatzes begründet sind. Damit unterliegt eine entsprechende Rechtfertigung hohen Anforderungen.

Die vorgenannten Zielvorgaben und Nebenbedingungen stehen teils in einem Spannungsverhältnis, teils widersprechen sie sich sogar. Dies erklärt zum Teil, weshalb die mit der Rentenreform von 2001 und dem RV-Nachhaltigkeitsgesetz von 2004 verfolgten Ziele bereits jetzt deutlich verfehlt wurden. So hat die Schutzklausel (§ 68 Abs. 6 SGB VI) in den vergangenen Jahren die eingeplante Absenkung des Rentenniveaus (Rentenentwicklung relativ zur Lohnentwicklung) weitgehend verhindert, weil die Lohn- und Beschäftigungsentwicklung deutlich hinter den von der Bundesregierung noch bis zum Rentenversicherungsbericht 2004 zugrunde gelegten Erwartungen zurückgeblieben war. Das Bruttorentenniveau, d.h. das Verhältnis von Bruttostandardrente zu Bruttodurchschnittsentgelt, hätte nach den Planungen von 2003 bis 2005 von 48,0 auf 46,4 bzw. 46,7[27] Prozent sinken sollen. Tatsächlich lag es 2005 bei 48,2 Prozent.

Noch Ende 2004 stellten die Vorausberechnungen im laufenden Rentenversicherungsbericht der Bundesregierung bis 2010 einen stabilen Beitragssatz von 19,5 Prozent in Aussicht, der anschließend (in der mittleren Rechnungsvariante) bis 2012 sogar auf 18,9 Prozent sinken sollte. Nach dem im Frühjahr 2006 vorgelegten Rentenversicherungsbericht 2005 sind diese Ziele nicht mehr zu halten, obwohl mittlerweile eine Reihe zusätzlicher Maßnahmen ergriffen wurde, um den Beitragssatz zu stabilisieren. Dazu gehört neben der weiteren Absenkung der Nachhaltigkeitsreserve das zeitliche Vorziehen der Beitragszahlung um einen halben Monat (Beitragsentlastungsgesetz), das den Sozialversicherungsträgern 2006 einmalig nahezu eine dreizehnte Monatseinnahme an Beiträgen verschafft. Schon zuvor hatte die Bundesregierung wiederholt mit ähnlichen Eingriffen versucht, die Beitragssätze zu stabilisieren. So wurden inzwischen fast alle noch greifbaren Vermögensbestände der Rentenversicherung aufgebraucht. Von 2002 bis 2005 summiert sich dieser Vermögensverzehr auf rund 12,3 Milliarden Euro. In diesem Umfang wurden Beitrags- und Steuerzahlungen auf die Zukunft überwälzt. Ohne diesen Vermögensverzehr von durchschnittlich

27 Vgl. „Rürup-Kommission" (2003), S. 106, bzw. VDR (2004/1); S. 34.

über drei Milliarden Euro pro Jahr hätte der Beitragssatz 2002 schon mindestens 19,5 Prozent und in den Jahren danach etwa 19,8 Prozent betragen müssen. Außerdem wird seit Ende 2004 Neurentnern die monatliche Rente nicht mehr am Monatsanfang, sondern am Monatsende ausbezahlt. Dies senkt seither die jährlichen Rentenausgaben und wirkt noch solange fort, bis alle Rentner im Bestand ihre Rente am Monatsende erhalten.

Während das Vorziehen der Beitragszahlung und die Vermögensveräußerungen (und im Prinzip auch die spätere Rentenauszahlung[28]) lediglich Einmaleffekte auslösten, haben andere Maßnahmen der vergangenen Jahre die Einnahmen der Rentenversicherung dauerhaft erhöht. Dies gilt namentlich für die starke Anhebung der Beitragsbemessungsgrenze zum 1. Januar 2003[29] und für den Wegfall des Zuschusses der Rentenversicherung zur Pflegeversicherung der Rentner seit dem 1. April 2004.[30]

Doch trotz dieser quantitativ erheblichen Eingriffe ist nach der im Frühjahr 2006 vorgelegten Vorausberechnung der Bundesregierung bereits 2007 eine Anhebung des Beitragssatzes auf 19,9 Prozent nicht mehr zu vermeiden. Er liegt damit nur noch um 0,1 Prozentpunkt unter der bis 2020 gesetzlich vorgesehenen Obergrenze. Zusätzlich ist im Jahr 2008 noch eine einmalige Finanzhilfe des Bundes nötig, damit die gesetzlichen Vorgaben eingehalten werden können.[31] Und selbst diese Entwicklung steht auf schwankendem Grund. Denn bei schwächerer Lohn- oder Beschäftigungsentwicklung, als

28 Hier verteilen sich die Einmaleffekte allerdings auf rund 25 Jahre, weil die Rentner – anders als die Beitragszahler – schrittweise erfasst werden.

29 Im Westen stieg sie von monatlich 4.500 auf 5.100 Euro, im Osten von 3.750 auf 4.250 Euro. Die betroffenen Arbeitnehmer und ihre Arbeitgeber zahlen seither monatlich bis zu über 100 Euro mehr Beitrag.

30 Seither müssen die Rentner ihren Pflegebeitrag allein aufbringen. Beitragserhöhungen in der Rentenversicherung wurden so zum Teil mit höheren Pflegebeitragslasten der Rentner erkauft. Dafür wurde zugleich die überfällige Reform der Pflegeversicherung vertagt, was dort die Zukunftsprobleme verstärkt.

31 Vgl. Bundesregierung, Rentenversicherungsbericht 2005, S. 31ff.

in der mittleren Referenzvariante des Rentenversicherungsberichts 2005 unterstellt, drohen bereits ab 2008 ohne zusätzliche Maßnahmen Beitragssätze von über 20 Prozent.

Auch die noch bis Ende 2004 in Aussicht gestellten Rentenerhöhungen entfallen nach den jetzigen Annahmen und Planungen der Bundesregierung in den kommenden zehn Jahren weitgehend. Erst 2009 ist nach der mittleren Rechnungsvariante überhaupt wieder mit einer leichten nominalen Erhöhung des aktuellen Rentenwerts (West) zu rechnen. Doch selbst dies verbessert die langfristige Tragfähigkeit der Rentenfinanzen nicht entscheidend. Dazu wären aus heutiger Sicht jeweils nominale Rentenkürzungen erforderlich. Diese werden jedoch durch die Schutzklausel ausgeschlossen. Deshalb soll die Rentenformel nun durch einen Nachholfaktor ergänzt werden, mit dem die eingeplanten, aber nicht realisierten Einsparungen später nachgeholt werden. Seine Ausgestaltung, für die es unterschiedliche Vorschläge gibt,[32] ist bislang noch offen. Die Bundesregierung geht in ihrer mittelfristigen Projektion davon aus, dass die Rentenanpassung von 2012 bis 2016 fünf Jahre lang jeweils um 0,4 Prozentpunkte geringer ausfällt als nach der bisherigen Rentenformel.[33] Ein solches Nachholen wird ab 2012 dadurch erleichtert, dass dann der Dämpfungseffekt der „Riestertreppe“ in der Rentenformel ausgelaufen sein wird.[34] Damit die zuvor nicht realisierten Niveausenkungen tatsächlich voll nachgeholt werden können, müssten die Löhne ab 2012 allerdings wieder merklich stärker steigen. Dies unterstellt die Bundesregierung. Sie nimmt (als mittlere Lohnvariante) an, dass die Lohnsteigerungen von 2010 bis 2020 von 2,0 Prozent wieder schrittweise bis auf 3,0 Prozent jährlich zunehmen und damit langfristig wieder auf

32 Vgl. u.a. Bomsdorf, Eckart (2005); Gasche, Martin (2005).

33 Die jüngsten Koalitionsbeschlüsse sehen die Nachholung bereits ab 2011 vor – allerdings begrenzt auf die Hälfte einer möglichen Rentenerhöhung („modifizierte Schutzklausel“); vgl. BMAS (2006/4).

34 Außerdem greift in dieser Phase der Nachhaltigkeitsfaktor voraussichtlich nicht sehr stark. 2012 erhöht er sogar die Rentenanpassung leicht; vgl. Bundesregierung, Rentenversicherungsbericht 2005, S. 61.

den Lohnpfad einschwenken, den die „Rürup-Kommission“ und der Rentenversicherungsbericht 2005 noch unterstellt hatten. Insgesamt hat die Bundesregierung damit zwar gegenüber früheren Vorausberechnungen das langfristig unterstellte Lohnwachstum um 0,5 Prozentpunkte niedriger angesetzt und damit eine insgesamt durchaus mögliche Entwicklung unterstellt. Problematisch erscheint allerdings, dass sie diese weiterhin als „mittlere Variante“ einstuft und ihr u.a. eine obere Variante zur Seite stellt, bei der das Wachstum der Löhne jeweils um einen Prozentpunkt höher liegt. Damit fällt das Spektrum der langfristigen Entwicklungspfade insgesamt weiterhin zu optimistisch aus, auch wenn die Variation der Annahmen keineswegs Prognosecharakter hat, sondern vor allem die Reaktionsweise des Rentensystems auf unterschiedliche Konstellationen verdeutlichen soll.

Abbildung 4:
Entwicklung der Standardbruttorente 2005-2019 nach früheren Projektionen der Bundesregierung und des IWG BONN

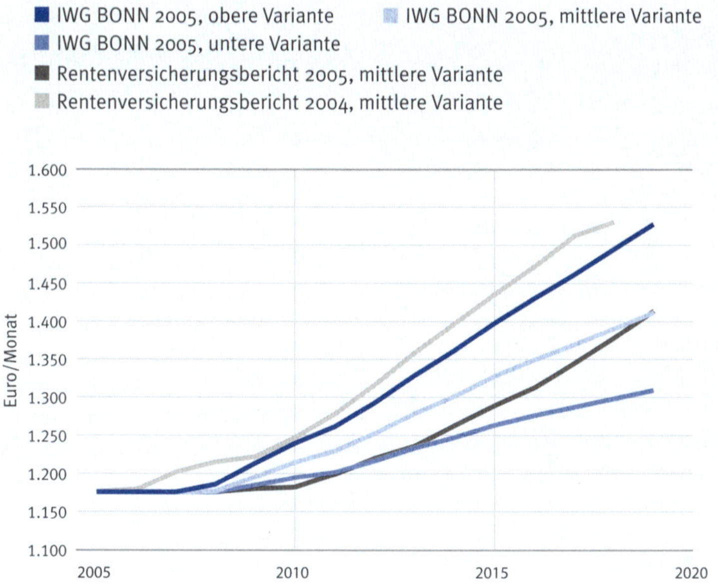

Externe Daten:
Alle Zahlen zu den Abbildungen finden Sie im Internet unter: www.dia-vorsorge.de/rente67/

Quelle:
Bundesregierung, IWG BONN, R. Schnabel

Der Rentenversicherungsbericht 2005 bestätigt zugleich nachträglich die von wissenschaftlicher Seite wiederholt vorgetragene Mahnung, solche amtlichen Planungen und Projektionen auf vorsichtig gewählte Annahmen zu stützen. Dies verdeutlicht ein Vergleich der Entwicklung der Standardbruttorente, die der Rentenversicherungsbericht 2005 in seiner mittleren Variante bis 2019 projiziert, mit den Ergebnissen der Rentenprojektion,[35] die der vom IWG BONN Mitte 2005 vorgelegten Vorgängerstudie zu den Renditen der gesetzlichen Renten[36] zugrunde lagen. Die damaligen Annahmen des IWG BONN waren von Seiten der Bundesregierung und Rentenversicherungsträger als viel zu pessimistisch zurückgewiesen worden.[37] Nach der mittleren Variante des Rentenversicherungsberichts 2005 unterschreitet die Standardrente bis 2013 nunmehr selbst die ungünstigste der vom IWG BONN seinerzeit unterstellten Entwicklungen. Das Niveau der mittleren IWG-Variante von 2005 erreicht sie erst am Ende des bis 2019 reichenden amtlichen Projektionszeitraums (vgl. Abbildung 4).

1.3.2 Finanzieller Handlungsdruck auf öffentliche Haushalte nimmt zu

Die jüngsten amtlichen Vorausberechnungen belegen, dass mit den bis 2005 beschlossenen Maßnahmen die angestrebten Ziele schon bis 2019 kaum zu erreichen sind. Dabei schließt der Projektionszeitraum des Rentenversicherungsberichts jedoch gerade jene Phase nicht mehr ein, in der die demographische Last voll wirksam wird. Aktuelle Langfristprojektionen zeigen, dass in den folgenden Jahrzehnten trotz der bisher eingeleiteten Maßnahmen der Rentenversicherung, vor allem aber den öffentlichen Haushalten insgesamt erhebliche Finanzrisiken drohen.[38] Ohne grundlegende Strukturreformen ist ein Anstieg der gesamtwirtschaftlichen Abgabenquote zu erwarten. Im ungünstigen Fall könnte diese bis auf über

35 Vgl. Schnabel, Reinhold (2005).

36 Vgl. Ottnad, Adrian/Wahl, Stefanie (2005).

37 Vgl. BMGS (2005); VDR (2005).

38 Vgl. dazu und zum Folgenden Ottnad, Adrian (2006); ferner Werding, Martin/Kaltschütz, Anita (2005).

50 Prozent des Bruttoinlandsprodukts steigen. Da eine solche Abgabenbelastung hohe gesamtwirtschaftliche Kosten verursachen würde und gegen steigende Abgabenwiderstände wahrscheinlich nur schwer durchzusetzen wäre, wären drastische Leitungskürzungen auf Dauer nicht zu vermeiden. Je später und abrupter diese erfolgen, desto geringer sind die Spielräume, sie sozial verträglich zu gestalten. Daher ist die Politik weiterhin gezwungen, rasch und konsequent weitere Strukturreformen vorzunehmen. Die mit Abstand größten Ausgabenrisiken liegen dabei im Gesundheits- und Pflegebereich. Gleichwohl besteht auch bei der gesetzlichen Alterssicherung weiterer Handlungsbedarf – vor allem, weil die bislang ergriffenen Maßnahmen aus den oben erläuterten Gründen nicht die beabsichtigte Wirkung entfalten konnten.

1.4 Geplante Anhebung des gesetzlichen Renteneintrittsalters

Die Bundesregierung hat am 1. Februar 2006 Eckpunkte zur Rentenpolitik beschlossen, die entweder bereits umgesetzt worden sind oder demnächst umgesetzt werden sollen.[39] Kern dieser Beschlüsse ist die schrittweise Anhebung der Regelaltersgrenze um zwei Jahre, die durch Maßnahmen zur Verbesserung der Beschäftigungschancen älterer Arbeitnehmer („Initiative 50plus“) flankiert werden soll. Nachfolgend werden die Ziele und die wichtigsten Einzelheiten kurz erläutert sowie die offenen Fragen der Umsetzung erörtert.

1.4.1 Im Vordergrund steht die finanzielle Stabilisierung der Rentenversicherung

Die geplante Anhebung des gesetzlichen Renteneintrittsalters soll nach Aussage der Bundesregierung langfristig die Folgen der steigenden Lebenserwartung kompensieren.[40] Diese hätte für sich genommen zur Folge, dass später geborene Jahrgänge immer länger Rente beziehen und dass sich

39 Diese Beschlüsse wurden bei Verabschiedung des Rentenversicherungsberichts 2005 am 8. März 2006 und durch die Beschlüsse der Koalitionsarbeitsgruppe Rentenversicherung vom 23. Oktober 2006 ergänzt und konkretisiert.

40 Vgl. CDU/CSU/SPD (2005), S. 82f.

das Verhältnis zwischen Leistungsempfängern und Beitragszahlern (der Rentnerquotient) zunehmend ungünstiger gestaltet. Eine Anhebung des gesetzlichen Renteneintrittsalters wirkt dem entgegen und trägt insoweit diesem demographischen Trend systemkonform Rechnung.

Allerdings ist der Anstieg der Lebenserwartung kein neuer Tatbestand und die Bundesregierung geht bislang nicht von grundlegend anderen demographischen Annahmen aus als zum Beispiel die „Rürup-Kommission". Schon die geltende Rentenformel enthält Elemente wie den von der „Rürup-Kommission" empfohlenen Nachhaltigkeitsfaktor, die den Effekt der steigenden Lebenserwartung auf Ausgaben und Beiträge dämpfen. Allerdings hatte die damalige Bundesregierung die ebenfalls schon von der „Rürup-Kommission" vorgeschlagene Anhebung des gesetzlichen Renteneintrittsalters nicht aufgegriffen, sondern eine Entscheidung darüber bis 2008 vertagt. Stattdessen verabschiedete sie im Nachhaltigkeitsgesetz andere Maßnahmen – u.a. die Streichung der verbliebenen Ausbildungszeiten –, die die Rentenversicherung entlasten sollten. Mit der jetzt beschlossenen Anhebung des gesetzlichen Renteneintrittsalters gehen die langfristigen Eingriffe somit nun über den Vorschlag der „Rürup-Kommission" und damit über das hinaus, was noch vor wenigen Jahren für ausreichend erachtet wurde, um die finanzielle Tragfähigkeit der gesetzlichen Rentenversicherung langfristig zu gewährleisten.

Die geplante Anhebung des gesetzlichen Renteneintrittsalters ist daher vornehmlich als Teil notwendiger politischer Bestrebungen anzusehen, die Rentenversicherung finanziell zu stabilisieren. Dabei wird von der Politik neben der Begrenzung der Ausgaben auch eine Erhöhung der Erwerbsbeteiligung älterer Erwerbspersonen und der Zahl der Beitragszahler angestrebt. Vermieden werden soll dabei eine weitere Absenkung des Rentenniveaus für die künftig betroffenen Jahrgänge. Sie liefe den rechtlichen Vorgaben zuwider und würde die Akzeptanz der bestehenden Rentenversicherung in der Bevölkerung weiter verringern. Außerdem würde der dann zu erwartende Rückgriff auf andere Sozialleistungen den fiskalischen Entlastungseffekt für die öffentlichen Haushalte insgesamt konterkarieren. Um dies zu vermeiden, müssen die Versicherten nach Anhebung des gesetzlichen Renteneintrittsalters zumindest solange weiterarbeiten (können), bis die zusätzlich erworbenen Entgeltpunkte und höheren Rentenanpassungen verbleibende Abschläge kompensieren.

Ein weiteres, in der politischen Diskussion immer wieder genanntes Ziel der geplanten Anhebung des gesetzlichen Renteneintrittsalters ist eine gerechte(re) Lastenverteilung. Dabei wird darauf verwiesen, dass bei steigender Lebenserwartung und unverändertem (abschlagsfreien) Renteneintrittsalter die Rentenbezugsdauer steigt. Diese Sichtweise greift allerdings zu kurz, weil sie Beitrags- und Rentenhöhe unberücksichtigt lässt. Inwieweit die geplante Anhebung des gesetzlichen Renteneintrittsalters allerdings im Sinn einer intergenerativ gerechten Lastenverteilung als Kompensation für die höhere Lebenserwartung jüngerer Jahrgänge anzusehen ist, kann letztlich nur der Vergleich der Beitragsrenditen einzelner Jahrgänge klären.

1.4.2 Gesetzliches Renteneintrittsalter soll bis 2029 schrittweise steigen

Die von der Bundesregierung beschlossene Regelung sieht vor, dass das gesetzliche Renteneintrittsalter in den Jahren 2012 bis 2023 um jährlich einen Monat und danach bis 2029 um jährlich zwei Monate angehoben wird.[41] Damit liegt es ab 2029 bei 67 Jahren. Die „Rürup-Kommission“ hatte vorgeschlagen, diese Anhebung innerhalb von 24 Jahren zu vollziehen.[42] Tabelle 1 zeigt die jeweilige Regelaltersgrenze für die einzelnen Geburtsjahrgänge, bei der künftig Versicherte – von wenigen verbliebenen Ausnahmen abgesehen – abschlagsfrei eine Altersrente beziehen können.

41 Vgl. BMAS (2006/1).

42 Die „Rürup-Kommission“ (2003), S. 83ff. hatte eine Anhebung um jährlich einen Monat von 2011 bis 2034 empfohlen. Auch der Koalitionsvertrag von 2005 sah noch eine Anhebung über 24 Jahre von 2012 bis 2035 vor (vgl. Vgl. CDU/CSU/SPD (2005), Zeile 4043ff.).

Tabelle 1:
Gesetzliches Renteneintrittsalter nach Geburtsjahrgängen

Jahrgang	Mindestalter für abschlagsfreien Bezug der Regelaltersrente		Kalenderjahr
	Jahre	Monate	
bis 1946	65	0	bis 2011
1947	65	1	2012
1948	65	2	2013
1949	65	3	2014
1950	65	4	2015
1951	65	5	2016
1952	65	6	2017
1953	65	7	2018
1954	65	8	2019
1955	65	9	2020
1956	65	10	2021
1957	65	11	2022
1958	66	0	2023
1959	66	2	2024
1960	66	4	2025
1961	66	6	2026
1962	66	8	2027
1963	66	10	2028
ab 1964	67	0	ab 2029

Quelle:
IWG BONN, basierend auf Angaben des BMAS

Bei Fortgeltung der bisherigen Ab- bzw. Zuschläge[43] und unverändertem Renteneintrittsverhalten führt die Anhebung des gesetzlichen Renteneintrittsalters für die Versicherten jeweils zu zusätzlichen Abschlägen. Tabelle 2 zeigt, wie sich für die einzelnen Kohorten, je nach Renteneintrittsalter die Zugangsfaktoren verändern. Die Zugangsfaktoren geben dabei das Verhältnis der Leistung an, die der Versicherte – entsprechend seiner

43 Eine Änderung der geltenden Ab- bzw. Zuschläge bei Abweichung von der Regelaltersgrenze ist bislang nicht geplant.

bis zum Renteneintritt erworbenen Rentenanwartschaft – gemessen an jener Leistung erhält, die er ohne Abschläge erhalten würde. Bei einem Zugangsfaktor von 89,2 Prozent – das entspricht einem um drei Jahre vorgezogenen Renteneintritt – erhält ein westdeutscher Rentner also zum Beispiel gegenwärtig für jeden (persönlichen) Entgeltpunkt nicht 26,13 Euro, sondern lediglich 23,31 Euro im Monat.

Tabelle 2 I:
Zugangsfaktoren für Altersrenten nach Geburtsjahrgängen

Jahrgang	tatsächliches Renteneintrittsalter					
	63		64		65	
	alt	neu	alt	neu	alt	neu
	Zugangsfaktor in Prozent					
bis 1946	92,8	92,8	96,4	96,4	100,0	100,0
1947	92,8	92,5	96,4	96,1	100,0	99,7
1948	92,8	92,2	96,4	95,8	100,0	99,4
1949	92,8	91,9	96,4	95,5	100,0	99,1
1950	92,8	91,6	96,4	95,2	100,0	98,8
1951	92,8	91,3	96,4	94,9	100,0	98,5
1952	92,8	91,0	96,4	94,6	100,0	98,2
1953	92,8	90,7	96,4	94,3	100,0	97,9
1954	92,8	90,4	96,4	94,0	100,0	97,6
1955	92,8	90,1	96,4	93,7	100,0	97,3
1956	92,8	89,8	96,4	93,4	100,0	97,0
1957	92,8	89,5	96,4	93,1	100,0	96,7
1958	92,8	89,2	96,4	92,8	100,0	96,4
1959	92,8	88,6	96,4	92,2	100,0	95,8
1960	92,8	88,0	96,4	91,6	100,0	95,2
1961	92,8	87,4	96,4	91,0	100,0	94,6
1962	92,8	86,8	96,4	90,4	100,0	94,0
1963	92,8	86,2	96,4	89,8	100,0	93,4
ab 1964	92,8	85,6	96,4	89,2	100,0	92,8

Quelle:
IWG BONN, basierend auf Angaben des BMAS

Tabelle 2 II:
Zugangsfaktoren für Altersrenten nach Geburtsjahrgängen

Jahrgang	66		67	
	alt	neu	alt	neu
bis 1946	106,0	106,0	112,0	112,0
1947	106,0	105,5	112,0	111,5
1948	106,0	105,0	112,0	111,0
1949	106,0	104,5	112,0	110,5
1950	106,0	104,0	112,0	110,0
1951	106,0	103,5	112,0	109,5
1952	106,0	103,0	112,0	109,0
1953	106,0	102,5	112,0	108,5
1954	106,0	102,0	112,0	108,0
1955	106,0	101,5	112,0	107,5
1956	106,0	101,0	112,0	107,0
1957	106,0	100,5	112,0	106,5
1958	106,0	100,0	112,0	106,0
1959	106,0	99,4	112,0	105,0
1960	106,0	98,8	112,0	104,0
1961	106,0	98,2	112,0	103,0
1962	106,0	97,6	112,0	102,0
1963	106,0	97,0	112,0	101,0
ab 1964	106,0	96,4	112,0	100,0

Quelle:
IWG BONN, basierend auf Angaben des BMAS

Die in Tabelle 1 und Tabelle 2 ausgewiesenen Werte für das gesetzliche Renteneintrittsalter und die Zugangsfaktoren gelten für die einzelnen Geburtsjahrgänge in der Übergangsphase allerdings nur dann exakt, wenn der Gesetzgeber Regelungen trifft, die innerhalb eines Geburtsjahrganges eine einheitliche Behandlung gewährleisten. Dazu müssten u.a. auch nach 1946 geborene Versicherte, die bereits vor 2012 (vorzeitig) in Rente gehen, dem neuen Recht unterworfen werden. So kann ein 1947 geborener Versicherter nach geltendem Recht (und abgesehen von den ohnehin bestehenden Übergangsregelungen für den Abbau der Frühverrentung) bereits 2010 die Altersrente für langjährige Versicherte beantragen. Dafür müsste er nach geltendem Recht einen Abschlag von 7,2 Prozent hinnehmen. Dieser würde sich bezogen auf das ab 2012 geltende gesetzliche Renteneintrittsalter auf 7,5 Prozent erhöhen. Würde dagegen die neue Regelung erst auf Rentenneuzugänge ab 2012 bzw. abhängig von Jahr des Renteneintritts angewandt, hätte dies Ungleichbehandlungen und verzerrende Anreize auf das Renteneintrittsverhalten zur Folge.[44]

Es ist folgerichtig geplant, die Anhebung der Regelaltersgrenze auf 67 Jahre auch auf andere Versichertenrenten zu übertragen, so dass es auch hier bei unverändertem tatsächlichen Renteneintrittsalter zu einer Leistungsminderung kommt. Die neuen Zugangsfaktoren in Tabelle 2 verdeutlichen dies für die „Altersrente langjährig Versicherter" (mit mindestens 35 Jahren an rentenrechtlichen Zeiten). Bei weiter möglichem Renteneintritt mit 63 Jahren wäre dann künftig ein Abschlag für vier statt zwei Jahre hinzunehmen.

Entsprechend soll die Regelaltersgrenze für Erwerbsminderungsrenten von 63 auf 65 Jahre steigen. Parallel dazu wird die Altersgrenze, ab der Abschläge errechnet werden von 60 auf 62 Jahre angehoben. So wird vermieden, dass der maximale Abschlag für Versicherte, die mit 60 Jahren oder jünger[45] eine Erwerbsminderungsrente antreten, von 10,8 Prozent auf

44 Die Bundesregierung plant deshalb zusätzliche Übergangsregelungen für einzelne Jahrgänge, die allerdings Ungleichbehandlungen nicht gänzlich ausschließen dürften. Weiterhin besser stellen werden sich vor allem Versicherte, die im Zuge früher beschlossener Übergangsregelungen die wegfallenden Frühverrentungsmöglichkeiten nutzen bzw. schon genutzt haben.

45 Die Zeitspanne vom Zugang zur Erwerbsminderungsrente bis zur Vollendung des 60. Lebensjahres (Zurechnungszeit) wird in den Abschlägen nicht berücksichtigt (§ 77 Abs. 2 SGB VI).

künftig 18 Prozent steigt. Zusätzliche Einsparungen wären für die öffentlichen Haushalte durch höhere Abschläge vermutlich ohnehin kaum zu erzielen, weil die verbleibende Erwerbsminderungsrente nach geltendem Recht dann in vielen Fällen durch andere Sozialleistungen, insbesondere durch die Grundsicherung im Alter und bei Erwerbsminderung nach dem Grundsicherungsgesetz (GSiG)[46], ergänzt werden müsste. Die gesetzliche Rentenversicherung könnte das Erwerbsminderungsrisiko kaum mehr wirksam absichern. Auch besteht bei Erwerbsminderungen nicht in gleicher Weise wie bei der Altersrente die Möglichkeit, die Abschläge durch ein Hinausschieben des Renteneintritts zu verringern – vor allem, wenn die Erwerbsminderung deutlich vor dem 60. Lebensjahr eintritt.[47]

Ob es letztlich bei der bislang geplanten Gestaltung der Abschläge bei Erwerbsminderungsrenten bleibt, ist allerdings noch offen. Zum einen gibt es nach wie vor politische Bestrebungen, den Zugang zur Erwerbsminderungsrente im Zuge der Reform sogar zu erleichtern. Zum anderen ist noch nicht abschließend geklärt, welchen rechtlichen Gestaltungsraum der Gesetzgeber bei der Festlegung von Abschlägen bei Erwerbsminderungsrenten überhaupt hat. In einem noch unveröffentlichten Urteil hat das Bundessozialgericht die seit 2001 geltenden Abschläge für Erwerbsminderungsrenten bis zum 60. Lebensjahr für unzulässig erklärt (Az.: B 4 RA 22/05 R). Es sieht darin offenbar einen Grundrechtseingriff. Darüber hinaus äußerte das Gericht auch Zweifel an der Verfassungsmäßigkeit der Abschläge ab dem 60. Lebensjahr.[48] Ob diese Einschätzung vor dem Bundesverfassungsgericht Bestand haben wird, bleibt abzuwarten.

46 Seit dem 1. Januar 2005 inhaltlich weitgehend unverändert in das Kapitel 4 des neuen Sozialhilferechts im Zwölften Buch des Sozialgesetzbuches (SGB XII) übernommen.

47 Ähnliche Überlegungen gelten für die „Altersrente für Schwerbehinderte".

48 Vgl. Frankfurter Allgemeine Zeitung, 6. Juni 2006, „Streit über Kürzung bei Erwerbsminderungsrenten".

Denkbar wäre ferner, parallel zur Anhebung der Regelaltersgrenze auch die Mindestaltersgrenzen, ab denen überhaupt mit Abschlag eine Rente bezogen werden kann, anzuheben. Konkret würde dies zum Beispiel bedeuten, dass die Rente für langjährig Versicherte erst ab vollendetem 65. Lebensjahr (und ggf. bei einer erfüllten Wartezeit von 37 Jahren) bezogen werden kann.[49] Eine solche Anhebung der Mindestaltersgrenze ist jedoch nicht geplant.[50] Sie wird daher im Folgenden nicht berücksichtigt.

1.4.3 Großzügige Ausnahmen für langjährig Versicherte geplant

Entgegen massiver Bedenken von rechts- und wirtschaftswissenschaftlicher Seite sehen die Koalitionsbeschlüsse vor, dass Versicherte mit mindestens 45 Pflichtbeitragsjahren aus Beschäftigung, Kindererziehung und Pflege auch künftig mit Vollendung des 65. Lebensjahres und damit vor Erreichen der dann geltenden Regelaltersgrenze abschlagsfrei eine Altersrente beziehen können.[51] Nicht aufgegriffen hat die Koalition dagegen Vorschläge, die zahlreiche Ausnahmen für bestimmte Berufsgruppen (Dachdecker) oder eine Erleichterung des Zugangs zu Renten wegen Erwerbsminderung (bis hin zu einer Rückkehr zu der erst 2001 abgeschafften früheren Regelung) vorsahen. Allerdings ist auch nicht vorgesehen, den Zugang zu Erwerbsminderungsrenten zu erschweren.

Die geplante Sonderbehandlung von Versicherten mit mindestens 45 Versicherungsjahren würde dazu führen, dass ein beachtlicher Teil der Versicherten von der Anhebung des gesetzlichen Renteneintrittsalters unmittelbar gar nicht betroffen wäre. Denn bei den gegenwärtigen Rentenzugängen weisen immer noch fast jeder zweite Mann und etwa jede dreizehnte Frau

49 Vgl. i.d.S. „Rürup-Kommission" (2003), S. 8.

50 Die Koalitionsarbeitsgruppe Rentenversicherung hat am 23. Oktober 2006 allerdings beschlossen, das heutige Mindestalter von 63 Jahren entgegen bisheriger Gesetzeslage beizubehalten; vgl. BMAS (2006/4).

51 Vgl. CDU/CSU/SPD (2005), Zeile 4038ff. Für Erwerbsminderungsrenten ist eine analoge Sonderregelung für Versicherte mit 35 bzw. (ab 2024) 40 Versicherungsjahren vorgesehen; vgl. BMAS (2006/4).

mindestens 45 Versicherungsjahre auf.[52] Zweitens impliziert sie, dass Versicherte mit gleich hohen Anwartschaften künftig unterschiedlich hohe Leistungen erhalten können. Um welche Größenordnungen es dabei geht, verdeutlich bereits ein einfacher Vergleich der unverzinsten nominalen Auszahlungssummen, bei dem von künftigen Änderungen der Löhne, Preise und Rentenwerte abgesehen wird. Dank der geplanten Ausnahmeregelung könnte ein Durchschnittsverdiener, der seit dem 20. Lebensjahr durchgehend Beiträge gezahlt hat, weiterhin ab dem 65. Lebensjahr abschlagsfrei eine Regelaltersrente in Höhe der bisherigen Standardrente beziehen. Auf heutige Verhältnisse übertragen wären dies 1.176 Euro monatlich. Ein überdurchschnittlich verdienender Altersgenosse, der dieselbe Anwartschaft von 45 Entgeltpunkten mit höheren Einzahlungen in weniger als 45 Beitragsjahren erworben hat, müsste dagegen künftig beim Renteneintritt mit 65 Jahren einen Abschlag von 7,2 Prozent hinnehmen und erhielte nur rund 1.091 Euro. Bezogen auf die durchschnittliche Rentenbezugsdauer[53] lediger Männern und Frauen, die 2029, wenn die Anhebung der Regelaltersgrenze abgeschlossen ist, das 65. Lebensjahr vollenden, führt dies – ohne Berücksichtigung von Rentensteigerungen und ohne Abzinsung – zu einer um rund 19.000 Euro bzw. 23.500 Euro geringeren Rentenleistung. Entsprechendes gilt für einen Durchschnittsverdiener, der vom vollendeten 22. bis zum 67. Lebensjahr arbeitet. Dieser bezieht die Standardrente zwar abschlagsfrei, aber durchschnittlich knapp zwei Jahre kürzer. Für einen ledigen Mann des Jahrgangs 1964 bedeutet dies unter Berücksichtigung der Lebenserwartung eine Einbuße von über 21.000 Euro, für die gleichaltrige ledige Frau von rund 24.750 Euro gegenüber dem abschlagsfreien Bezug derselben Rente ab dem 65. Lebensjahr.[54]

52 Vgl. Sozialbeirat (2005), S. 15, der sich auf eine VDR-Sonderauswertung von 2002 stützt.

53 Angenommen ist hier die fernere Lebenserwartung bei vollendetem 65. Lebensjahr.

54 In diesen Durchschnittswerten ist berücksichtigt, dass ein Teil der Versicherten vor Vollendung des 67. Lebensjahres stirbt. Wer mindestens 67 Jahre alt wird, für den beträgt der Verlust (rückblickend) über 28.000 Euro.

Diese Ungleichbehandlung der jeweils erworbenen Entgeltpunkte benachteiligt zudem bestimmte Gruppen besonders. So dürften Elternteile (bislang namentlich Frauen), die in ihrer Erwerbsbiographie wegen der Erziehung von Kindern oft längere, d.h. über die als Erziehungszeiten anerkannten drei Jahre hinausgehend Unterbrechungen aufweisen, kaum von der Ausnahme für Versicherte mit mindestens 45 Versicherungsjahren profitieren. Gleiches gilt tendenziell für höher qualifizierte Berufsgruppen mit längeren Ausbildungszeiten.

Im Übrigen hat das Bundessozialgericht bereits Ende 2004 in einem Vorlagebeschluss an das Bundesverfassungsgericht die Verfassungsmäßigkeit einer ähnlichen Ausnahmeregelung im Zusammenhang mit der Abschaffung der Altersrente wegen Arbeitslosigkeit oder nach Altersteilzeitarbeit in Zweifel gezogen.[55] Die dabei vorgetragenen Argumente treffen im Prinzip auch auf die geplante Ausnahme für Versicherte mit mindestens 45 Versicherungsjahren zu.

1.4.4 Schlüssiges Gesamtkonzept noch nicht erkennbar

Inwieweit die mit der Anhebung des gesetzlichen Renteneintrittsalters angestrebten Ziele erreicht werden, hängt wesentlich von den künftigen Beschäftigungsperspektiven älterer Erwerbspersonen ab. Die Bundesregierung plant deshalb zusätzlich flankierende Maßnahmen („Initiative 50plus"), um diese nachhaltig zu verbessern. Kernstück der dazu vorgelegten Eckpunkte sind Lohnkostenzuschüsse (Kombilohn) und neu gestaltete Eingliederungshilfen für Ältere, die ab 2008 insgesamt etwa 100.000 älteren Arbeitnehmern eine Beschäftigung verschaffen sollen. Ferner sollen die Förderung von Weiterbildung und (Re)Qualifikation älterer Erwerbspersonen ausgebaut und bei den Unternehmen breit dafür geworben werden, diese

55 BSG, B4 RA 7/03 R. Die Entscheidung des Bundesverfassungsgerichts stand bei Abschluss der vorliegenden Studie noch aus.

vermehrt zu beschäftigen („Initiative Neue Qualität der Arbeit" – INQUA, Beschäftigungspakte für Ältere in den Regionen). Außerdem soll eine neue, europarechtskonforme Regelung für die befristete Beschäftigung älterer Arbeitnehmer getroffen werden.[56]

Die Erfolgsaussichten der geplanten „Initiative 50plus" lassen sich bislang noch nicht abschließend einschätzen, da noch viele Details offen sind. Erfahrungen in anderen Ländern zeigen, dass es durchaus möglich ist, die Erwerbsbeteiligung und die Beschäftigungsquoten älterer Erwerbspersonen (wieder) spürbar zu erhöhen. Allerdings waren Programme, die ähnliche Maßnahmen wie die jetzt geplanten beinhalteten, in Deutschland in der Vergangenheit wenig erfolgreich.[57] Gerade die erneut ins Auge gefassten Lohnkostenzuschüsse und Eingliederungshilfen dürften die strukturellen Beschäftigungsprobleme älterer Arbeitnehmer kaum lösen.[58] Wie Kombilohnmodelle insgesamt bergen sie die Gefahr hoher Mitnahmeeffekte – insbesondere, wenn sie mit gleichzeitiger Setzung von Mindestlöhnen einhergehen.[59] Im vorliegenden Fall droht zudem eine falsche Signalwirkung: Ältere Arbeitnehmer werden so erneut als subventionsbedürftige, weil weniger leistungsfähige Arbeitskräfte abgestempelt. Zielführender ist – auch nach internationalen Erfahrungen – die konsequente Abkehr von der bislang betriebenen Frühverrentungspolitik. Damit tut sich die Politik jedoch trotz aller Fortschritte nach wie vor schwer. So hat die Bundesre-

56 Vgl. BMAS (2006/2); (2006/3).
57 Vgl. Kraatz, Susanne/Rhein, Thomas/Sproß, Cornelia (2006), S. 28.
58 Vgl. Eichhorst, Werner (2006); andere Arbeitsmarktexperten sehen dies ähnlich Handelsblatt, 5. September 2006, „Zuschüsse für Ältere sind wirkungslos".
59 Vgl. im Einzelnen SVR (2006).

gierung Ende 2005 mit der erneuten Verlängerung der „58er-Regelung" nach § 248 SGB III[60] bis Ende 2007 fast zeitgleich abermals ein Signal gesetzt, das der angestrebten längeren Beschäftigung älterer Arbeitnehmer entgegenläuft. Auch die erneut geforderte längere Bezugsdauer von Arbeitslosengeld I für langjährige Versicherte würde den Trend zur Frühverrentung neu beleben.

Im Übrigen genügt es nicht, die Beschäftigungschancen älterer Arbeitnehmer in der Konkurrenz mit jüngeren zu erhöhen. Entscheidend ist vielmehr, wie sich langfristig die Beschäftigungsperspektiven insgesamt entwickeln. Das hängt vom Agieren der Politik insgesamt, von der Gestaltung der Rahmenbedingungen, von der Finanzpolitik und besonders vom Fortgang der Strukturreformen ab und nicht allein von einzelnen arbeitsmarktpolitischen Maßnahmen.

Entsprechendes gilt für die Wirkung einzelner rentenpolitischer Eingriffe wie der Anhebung des gesetzlichen Renteneintrittsalters. Entscheidend ist, dass sich diese in ein schlüssiges Gesamtkonzept für die künftige Gestaltung der sozialen Sicherungssyteme und die Gewährleistung tragfähiger Staatsfinanzen einordnen. Auf ein solches Gesamtkonzept haben sich die politischen Akteure trotz zahlreicher Reformansätze der vergangenen Jahre bislang nicht einigen können. Daher bleibt – mit oder ohne Anhebung des gesetzlichen Renteneintrittsalters – letztlich auch ungewiss, wie sich der Rentenbeitragssatz und das Sicherungsniveau der Renten künftig entwickeln werden.

60 Diese Sonderregelung erlaubt es Arbeitslosen ab 58 Jahren, Arbeitslosengeld I und (ähnlich geregelt) Arbeitslosengeld II bis zum Erreichen des Alters zu beziehen, in dem sie eine abschlagsfreie Altersrente beziehen können, ohne dem Arbeitsmarkt noch zur Verfügung zu stehen. Die Betroffenen werden in der Arbeitslosenstatistik nicht mehr als Arbeitslose gezählt.

2. Mögliche Effekte eines höheren gesetzlichen Renteneintrittsalters im bestehenden Rentensystem

Die Anhebung der Regelaltersgrenze beeinflusst sowohl die finanzielle Entwicklung der Rentenversicherung insgesamt als auch die individuellen „Versichertenbiographien". Die konkreten Wirkungen hängen dabei von zahlreichen Faktoren ab. Zugleich sind die Wirkungsketten im bestehenden Rentensystem außerordentlich komplex und vielschichtig. Dahinter steht ein Regelwerk, das selbst für Experten nur mühsam zu durchschauen ist. Um das Verständnis der anschließend präsentierten Ergebnisse der Modellrechnungen im Lichte der jeweils getroffenen Annahmen zu erleichtern, soll daher zunächst aufgezeigt werden, welche Effekte von einer Anhebung des gesetzlichen Renteneintrittsalters im bestehenden System prinzipiell ausgehen können.[61] Als entscheidend erweist sich dabei, wie sich das tatsächliche Renteneintrittsverhalten künftig den veränderten Rahmenbedingungen anpasst. Wie diese Reaktion ausfallen wird, hängt von der künftigen Wirtschafts- und Beschäftigungsentwicklung, aber auch von anderen Bestimmungsgründen ab. Deren Analyse zeigt, dass das tatsächliche Renteneintrittsalter im Durchschnitt deutlich weniger ansteigen dürfte als das gesetzliche. Die Anhebung der Regelaltersgrenze dürfte daher bei vielen Versicherten auch zu geringeren Rentenzahlbeträgen führen.

2.1 Einflüsse des gesetzlichen Renteneintrittsalters auf die Rentenmechanik sind komplex

Das gesetzliche Renteneintrittsalter beeinflusst unmittelbar die Ausgaben und zum Teil auch die Einnahmen der gesetzlichen Rentenversicherung (Primäreffekte). Daraus ergeben sich Rückwirkungen auf die Anpassung des Beitragssatzes, aber auch des Rentenwerts (Sekundäreffekte). Diese lösen ihrerseits ein Folge weiterer Änderungen (Tertiäreffekte) aus.

61 Abgesehen wird, wie bei solchen komparativen Analysen üblich, von weitergehenden Rückwirkungen. So wird zum Beispiel die demographische Entwicklung als gegeben betrachtet.

2.1.1 Primäreffekte

Das Umlageverfahren der gesetzlichen Rentenversicherung schreibt vor, die laufenden Ausgaben eines Jahres durch die laufenden Einnahmen zu finanzieren. Im einfachsten Fall lässt sich dies durch folgende Budgetgleichung ausdrücken:

$$\mathbf{r \cdot R = b \cdot y \cdot Z}$$

mit

r durchschnittlicher Rentenzahlbetrag pro Kopf und Jahr
R Anzahl der Rentner
b Beitragssatz zur gesetzlichen Rentenversicherung
y durchschnittliches beitragspflichtiges Jahreseinkommen (Bruttolohn)
Z Anzahl der Beitragszahler (der sozialversicherungspflichtig Beschäftigten)

Aus dieser stark vereinfachten Gleichung, die viele wichtige Größen, namentlich den Bundeszuschuss auf der Einnahmenseite sowie die Verwaltungskosten und weitere Leistungen der Rentenversicherung auf der Ausgabenseite, vernachlässigt, lässt sich unschwer ablesen, wo und wie eine Anhebung des gesetzlichen Renteneintrittsalters je nach Verhalten der Versicherten ihre Wirkung entfaltet. Die unter den geltenden realen Bedingungen zu erwartende Anpassungsreaktion des tatsächlichen Renteneintrittsverhaltens bewegt sich dabei zwischen zwei Grenzfällen:

Fall 1: unverändertes tatsächliches Renteneintrittsalter

Fall 2: paralleler Anstieg von tatsächlichem und gesetzlichem Renteneintrittsalter

Im ersten Fall beschränken sich die unmittelbaren Folgen auf die Ausgabenseite. Der durchschnittliche Rentenzahlbetrag sinkt mit den zusätzlichen Abschlägen, die künftige Neurentner nun hinnehmen müssen (vgl. Tabelle 2).[62] Der Rückgang würde sich schrittweise vollziehen. Erst nach 2050 wären praktisch alle Rentnerjahrgänge von den vollen Abschlägen betroffen. Auf der Einnahmenseite ändert sich in diesem Fall unmittelbar nichts.

Im zweiten Fall gestalten sich die Dinge komplizierter: Wegen des späteren Renteneintritts verringert sich die Zahl der Rentenbezieher, was wiederum die Rentenausgaben senkt. Dagegen ändern sich die Zugangsfaktoren der Versicherten im hier betrachteten Grenzfall nicht. Wohl aber führt der spätere Renteneintritt in der Regel auch zu längeren Beitragszahlungen. Daraus entstehen zusätzliche Rentenanwartschaften. Im Modellfall des Durchschnittsverdieners, der bislang ab dem 65. Lebensjahr die Standardrente bezogen hat, würde sich die Anwartschaft bis zum 67. Lebensjahr von 45 auf 47 Entgeltpunkte, d.h. um knapp 4,5 Prozent erhöhen. Der Verringerung der Rentnerzahl steht daher ein Anstieg des durchschnittlichen Rentenzahlbetrags gegenüber. Allerdings steigt die durchschnittliche Entgeltpunktzahl je Rentner (im Vergleich zum Status quo) nur sehr langsam, da ja nur die künftig neu hinzukommenden Rentner die höhere Entgeltpunktzahl aufweisen. Erst nach 2050 würden alle Rentnerjahrgänge im Bestand aufgrund eines späteren Renteneintritts eine erhöhte Anwartschaft aufweisen. Dagegen wäre die Reduzierung der Rentnerzahl schon ab 2029 voll wirksam, so dass sich auch in diesem Fall zunächst ein deutlicher Entlastungseffekt bei den Ausgaben einstellt, der dauerhaft nachwirkt.[63] Zudem stehen den zusätzlich erworbenen Rentenanwartschaf-

62 Wer bisher schon länger als bis 65 Jahre gearbeitet hatte, erhält künftig geringere bzw. keine Zuschläge mehr.

63 Dieser Entlastungseffekt wird noch leicht verstärkt durch die Sterbeordnung. Der Versicherte erlebt mit höherer Wahrscheinlichkeit die beiden ersten Jahre, in denen er auf den Rentenbezug verzichtet, als die Folgejahre in denen er die erhöhte Rente bezieht.

ten höhere Einnahmen gegenüber, weil die Versicherten länger Beiträge entrichten und sich damit die Zahl der Beitragszahler erhöht. Außerdem erhöht sich mit den Beitragseinnahmen auch der bislang vernachlässigte Bundeszuschuss entsprechend.

2.1.2 Sekundäreffekte

Die primäre Verbesserung der Relation zwischen laufenden Ausgaben und Einnahmen, die zunächst in jedem Fall eintritt, wirkt sich in der nächsten Runde[64] auf die Anpassung der Beitragssätze und der Rentenwerte aus. Auf der einen Seite sind nun niedrigere Beitragssätze erforderlich, d.h. die Beiträge können gesenkt oder müssen weniger stark angehoben werden, als dies sonst der Fall wäre. Entsprechend fällt auch der Bundeszuschuss künftig niedriger aus. Auf der anderen Seite profitieren nach geltendem Recht von der finanziellen Entlastung nicht nur die Beitragszahler, sondern auch die Rentner, deren Rentenanpassungen höher ausfallen. Dies liegt an der Konstruktion des Nachhaltigkeitsfaktors in der geltenden Rentenformel, die zeitverzögert die Rentenanpassung immer dann mindert (erhöht), wenn der Rentnerquotient steigt (sinkt), d.h. wenn sich die zahlenmäßige Relation von durchschnittlichen Rentenbeziehern und durchschnittlichen Beitragszahlern verschlechtert (verbessert). Als Rechengrößen dienen dabei die Anzahl der Äquivalenzrentner und die Anzahl der Äquivalenzbeitragszahler, die ermittelt werden, indem die gesamten Rentenausgaben bzw. die gesamten Beitragseinnahmen durch die jeweiligen jährlichen Zahlbeträge einer Standardrente bzw. den Beitrag des Durchschnittsverdieners geteilt werden.

64 Die einzelnen Größen gehen in die Rentenwert- und Beitragssatzanpassungen mit unterschiedlicher zeitlicher Verzögerung ein. Außerdem entfalten sich schon die Primäreffekte schrittweise, so dass sich die einzelnen Effekte zeitlich überlagern. Hiervon wird an dieser Stelle abgesehen.

Die durch die Erhöhung der Regelaltersgrenze bewirkte Dämpfung der Rentenausgaben verringert bei gegebenem Standardrentenzahlbetrag die Anzahl der Äquivalenzrentner und damit den Rentnerquotient. Dieser Effekt wird noch verstärkt, wenn das tatsächliche Renteneintrittsalter steigt und sich dadurch die Zahl der Äquivalenzbeitragszahler erhöht. Die Erhöhung des gesetzlichen Renteneintrittsalters mildert also über den Rentnerquotienten die sonst durch den Nachhaltigkeitsfaktor bewirkte Senkung des Rentenniveaus. Oder aus anderem Blickwinkel: Der Nachhaltigkeitsfaktor schwächt die beitragsdämpfende Wirkung des höheren gesetzlichen Renteneintrittsalters ab.

Wie stark der Rentnerquotient jeweils beeinflusst wird, hängt maßgeblich von der künftigen Gesetzesregelung ab. Die geltende Regelung in § 68 Abs. 4 SGB VI definiert den Äquivalenzrentner als Bezieher einer Regelaltersrente mit einer Anwartschaft von 45 Entgeltpunkten. Wird diese Regelung beibehalten, dann überträgt sich eine Verminderung der Rentnerzahl oder des durchschnittlichen Rentenzahlbetrags proportional auf den Rentnerquotienten. Die hier vorgelegten Berechnungen gehen von der geltenden Gesetzesformulierung aus.[65]

Insgesamt führen also die durch die Anhebung der Regelaltersgrenze jeweils ausgelösten finanziellen Entlastungen der gesetzlichen Rentenversicherung sowohl zu niedrigeren Beiträgen (und Bundeszuschüssen) als auch zu höheren Renten – jeweils gemessen an der sonst zu erwartenden Entwicklung.

65 Denkbar wäre auch, den Äquivalenzrentner künftig mit 47 Entgeltpunkten zu definieren. Eine solche Änderung der Legaldefinition würde jedoch den Rentnerquotienten einmalig deutlich verringern. Die dadurch ausgelöste höhere Rentenanpassung liefe den angestrebten Konsolidierungszielen zuwider. Dieser Einmaleffekt müsste daher für die Übergangsjahre nach der Gesetzesänderung explizit ausgeschlossen werden.

2.1.3 Tertiäreffekte

Die Wirkungen auf die Beitragssatz- und Rentenwertanpassung beschränken sich nicht auf eine einzige Periode, sondern setzen sich wechselseitig in den Folgeperioden fort. Niedrigere Beitragssätze führen zu höheren Rentenwerten, höhere Rentenwerte in der Folge wieder zu höheren Beitragssätzen usw.[66]

Insgesamt erzeugt daher jede derartige Veränderung in den Rahmenbedingungen langfristig eine komplexe Wirkungskette – ähnlich den Wellen, die durch einen Steinwurf in einem Teich ausgelöst werden und die dann ihrerseits vom Ufer zurückgeworfen werden. Es ist damit zu rechnen, dass unter den genannten Annahmen künftig einerseits die Beiträge niedriger und andererseits die Rentenanpassungen höher ausfallen als es sonst der Fall wäre. Dabei fällt der Beitragssenkungseffekt tendenziell etwas stärker aus als der Rentenerhöhungseffekt, doch kann je nach Ausgangslage auch fast die Hälfte der zunächst erreichten finanziellen Entlastung den Rentnern zugute kommen. Anders gewendet heißt das: Die durch eine Senkung der Zugangsfaktoren oder durch eine Verkürzung der Rentenbezugsdauer verursachte Minderung der Rentenleistung wird zu einem beachtlichen Teil durch höhere Rentenwerte kompensiert.[67] Ebenso führen auch höhere Beitragseinnahmen aufgrund längerer Einzahlungszeiten bei einem Anstieg des tatsächlichen Renteneintrittsalters zum Teil zu höheren Rentenleistungen. Allerdings stellen sich diese Wirkungen erst allmählich ein und es dauert nach Abschluss der schrittweisen Anhebung der Regelaltersgrenze noch Jahrzehnte, bis deren Folgen im bestehenden Rentensystem weitgehend „verarbeitet“ sind.

66 Zusätzliche Rückwirkungen ergeben sich über den Rentnerquotienten bzw. den Nachhaltigkeitsfaktor.

67 Vgl. auch Babel, Bernhard/Bomsdorf, Eckart (2006). Eine vollständige Kompensation ist allerdings unter realistischen Verhaltensanahmen nicht zu erwarten.

2.2 Das künftige Renteneintrittsverhalten ist ungewiss

Wie die Versicherten individuell auf die Anhebung der Regelaltersgrenze reagieren werden, ist ungewiss und hängt von zahlreichen Faktoren ab. Je nach Wirtschafts- und Beschäftigungsentwicklung und Ausgestaltung der Reform ändert sich das tatsächliche Renteneintrittsverhalten im Schnitt möglicherweise kaum. Kommt es zu einem Anstieg des tatsächlichen Renteneintrittsalters, dürfte dieser im Durchschnitt aller Rentenzugänge deutlich hinter dem Anstieg des gesetzlichen Renteneintrittsalters zurückbleiben.

2.2.1 Individuelles Renteneintrittsverhalten von zahlreichen Faktoren beeinflusst

Die Renteneintrittsentscheidung eines Versicherten wird von individuellen Einflussfaktoren, den rechtlichen Rahmenbedingungen und der Lage am Arbeitsmarkt bestimmt. Zu den individuellen Einflussfaktoren gehören persönliche Prägungen, Vorlieben und Wertvorstellungen. Von ihnen hängt ab, wie der Versicherte einen früheren und damit längeren Ruhestand gegen ein durch längere Erwerbstätigkeit ermöglichtes höheres Einkommens- und Konsumniveau abwägt. Dabei spielen auch persönliche Lebensumstände wie Gesundheit, familiäre und finanzielle Situation oder berufliche Position eine wichtige Rolle. Zu den rechtlichen Rahmenbedingungen gehören insbesondere das gesetzliche Renteneintrittsalter, die Höhe der versicherungsmathematischen Abschläge, die Hinzuverdienstgrenzen für Rentenbezieher, die jeweiligen Zugangsbedingungen zu verschiedenen Rentenarten, ferner die Gestaltung arbeitsmarktpolitischer Leistungen (Hartz IV, „58er-Regelung“) und anderer Sozialleistungen sowie steuerrechtliche Vorschriften wie die nachgelagerte Rentenbesteuerung.

Steht einem Versicherten die Wahl offen, länger zu arbeiten und später (aufgrund zusätzlicher persönlicher Entgeltpunkte und eines höheren Zugangsfaktors) eine höhere monatliche Rente zu beziehen oder früher mit einer niedrigeren Rente den Ruhestand anzutreten, hängt seine Entscheidung zum einen davon ab, ob er grundsätzlich eher Konsum oder Freizeit bevorzugt. Zum anderen spielt die zeitliche Verteilung von Konsum und Freizeit eine wichtige Rolle. In der Regel orientieren sich Entscheidungen dabei stärker an der Gegenwart als an der Zukunft. Entsprechend werden künftig erwartete Einkommen geringer gewichtet als gegenwärtige, sie werden „psychisch" abgezinst. Dabei ist der Zinssatz, mit dem abgezinst wird (die psychische Diskontierungsrate), umso höher, je geringer der Nutzen künftiger Einkommen (oder des damit finanzierbaren künftigen Konsums) bewertet wird. Je stärker künftige Rentenzahlungen in der persönlichen Bewertung des Versicherten abgezinst werden, desto eher wird er zugunsten eines früheren Renteneintritts auf eine sonst mögliche höhere Rente verzichten (und umgekehrt).

Die Entscheidung über den individuellen Renteneintritt reduziert sich allerdings nicht auf den Vergleich der jeweils zu erwartenden abgezinsten Rentenzahlungsströme. Vielmehr muss bei späterem Renteneintritt das zwischenzeitlich erzielbare (Netto)Arbeitseinkommen berücksichtigt werden. Kann der Versicherte ohne Lohneinbußen länger arbeiten, erzielt er zunächst aus Arbeit ein höheres Einkommen als bei sofortiger Verrentung. Schon deshalb stellt er sich bei einem späteren Renteneintritt (bzw. Erwerbsaustritt) finanziell besser. Zudem erhält er anschließend noch eine höhere Rente.

Dem höheren Einkommen (und Konsum) steht ein Verzicht auf Freizeit gegenüber, der nach bisheriger Erfahrung von den Erwerbstätigen überwiegend als Nutzeneinbuße betrachtet wird. Dies gilt erst recht, wenn gesundheitliche Beeinträchtigungen hinzukommen. Gleichwohl dürfte die Anhebung der Regelaltersgrenze in vielen Fällen Anreiz bieten, später in Rente zu gehen. Wie stark ein solcher Anreiz ist, hängt allerdings auch davon ab, in welchem Verhältnis das zusätzlich erzielbare Einkommen zur finanziellen Gesamtsituation des Versicherten steht. Je besser diese ist, desto leichter lässt sich eine Einkommenseinbuße zugunsten eines früheren Renteneintritts verkraften. Insofern verringert ein steigender Anteil betrieblicher und privater Altersvorsorge tendenziell den Anreiz, auf die Anhebung der Regelaltersgrenze mit einem späteren Renteneintritt zu reagieren.

Längerfristig dürften (und sollten) sich die Versicherten ohnehin auf die geplanten Veränderungen einrichten und ihre betriebliche und private Vorsorge darauf ausrichten. Sie werden dann in der gesamten ihnen jeweils verbleibenden Erwerbsphase Anstrengungen unternehmen, die mit der Anhebung der Regelaltersgrenze verbundene Leistungskürzung (über Abschläge oder verkürzte Bezugsdauer) durch zusätzliche Sparleistungen ganz oder teilweise zu kompensieren, soweit ihre Sparfähigkeit dies zulässt. Übersteigen die Renditen der betrieblichen oder privaten Vorsorgeformen jene der gesetzlichen Rentenversicherung, liegt es nahe, eher die Sparanstrengungen in der Erwerbsphase zu verstärken, als den Renteneintritt hinauszuschieben. Je niedriger die Renditen der gesetzlichen Renten im Vergleich zu den am Kapitalmarkt mit gleichem Risiko erzielbaren ausfallen, desto weniger lohnt sich ein späterer Eintritt in die gesetzliche Rentenversicherung.[68] Allerdings würde eine Verlängerung der Lebensarbeitszeit auch die Möglichkeit eröffnen, zusätzliche Mittel in eine rentablere betriebliche oder private Vorsorge zu investieren. Ingesamt sprechen diese Überlegungen dafür, dass der tatsächliche Renteneintritt durchaus etwas später erfolgt als bisher. Doch ist bei rationalem Verhalten eines Versicherten, der für den Rest seines Lebens ein optimales Verhältnis von Konsum und Freizeit bzw. Ruhestand anstrebt, nicht zu erwarten, dass dieser seinen tatsächlichen Renteneintritt um die volle Zeitspanne hinausschiebt, um

68 Dies gilt unabhängig davon, ob die realen Renditen in der gesetzlichen Rentenversicherung positiv bleiben.

die das gesetzliche Renteneintrittsalter steigt.[69] Dafür sprechen auch die repräsentativ erhobenen Präferenzen der Erwerbstätigen.[70] So ist zwar die große Mehrheit der heutigen Erwerbstätigen zwischen 35 und 55 Jahren gewillt, in fortgeschrittenem Alter zu arbeiten. Sie verbinden dies aber mit dem ausgeprägten Wunsch nach flexibler Gestaltung des Renteneintritts zwischen 60 und 67 Jahren und sind bereit, dafür auch Rentenabschläge in Kauf zu nehmen. Auch besteht vielfach der Wunsch, den zeitlichen Umfang der Erwerbsarbeit schon vor dem Renteneintritt einzuschränken.

Die bisherige Analyse der individuellen Entscheidungssituation setzt voraus, dass die Versicherten Arbeitseinkommen erzielen, aus denen sie (zusätzliche) Ansprüche an die gesetzliche wie auch an die betriebliche und private Altersvorsorge aufbauen können. Heute trifft dies jedoch in vielen Fällen nicht zu. Gerade für ältere Beschäftigte ist die Arbeitsmarktlage oft schwierig. Wie schnell und in welchem Maß sich die Beschäftigungssituation verbessert ist ungewiss. Außerdem müssen mögliche Wechselwirkungen zwischen Beschäftigung und Lohnhöhe in Rechnung gestellt werden. Finden ältere Arbeitnehmer nur mit deutlichen Lohneinbußen Beschäftigung, mindert dies sowohl das bei späterem Renteneintritt zusätzlich erzielbare Arbeitseinkommen, als auch die damit zusätzlich erreichbaren Entgeltpunkte. Dadurch verringert sich der Anreiz, später in Rente zu gehen.

Besonders unattraktiv ist ein Hinausschieben des Renteneintritts für Versicherte, die gar keine Beschäftigung haben bzw. finden. Sie würden (ggf. nach Ablauf der einjährigen Bezugsdauer von Arbeitslosengeld I und soweit sie die Anspruchsvoraussetzungen erfüllen) Arbeitslosengeld II beziehen und könnten ihre Rentenanwartschaft praktisch nicht steigern. Denn für

69 Dazu müsste der erzielbare Mehrkonsum den Verlust an Freizeit überkompensieren. Das kann zwar im Einzelfall nicht prinzipiell ausgeschlossen werden, dürfte aber in der Regel (auch angesichts der Höhe der versicherungsmathematischen Abschläge) nicht zutreffen.

70 Vgl. Prager, Jens U./Schleiter, André (2006).

Arbeitslosengeld II-Bezieher werden lediglich geringe Pauschalbeiträge (monatlich 40 Euro) abgeführt. Ferner müssen sie im Rahmen der Bedürftigkeitsprüfung ihr vorhandenes Vermögen, soweit es die gesetzlichen Freigrenzen (u.a. für die private Alterssicherung) übersteigt, verwerten.[71] Daher ist es für viele Betroffene schon unter den geltenden Bedingungen attraktiver, sich unter Hinnahme von Abschlägen rasch verrenten zu lassen. Solange sich die Beschäftigungschancen älterer Langzeitarbeitsloser nicht deutlich verbessern, führt die Anhebung der Regelaltersgrenze für diesen Personenkreis in der Regel zu einer zusätzlichen Rentenkürzung.[72] Auch nichterwerbstätigen älteren Versicherten, insbesondere Frauen, die aufgrund der (früheren) Erziehung von Kindern keine Erwerbstätigkeit (mehr) ausüben, dürfte oft nur die Wahl zwischen einer Hinnahme von Abschlägen und einer Verkürzung der Rentenbezugsdauer bleiben.

Eine wichtige Einflussgröße sind die Hinzuverdienstmöglichkeiten für Rentenbezieher. Können die (erhöhten) Abschläge bei früherem Renteneintritt statt durch eine längere reguläre Erwerbsphase auch durch Hinzuverdienste während des Rentenbezugs kompensiert werden, bleibt ein möglichst früher Renteneintritt fast immer attraktiv – besonders, wenn der Hinzuverdienst im Rahmen einer nicht oder nur begrenzt sozialversicherungspflichtigen Tätigkeit ausgeübt werden könnte, bei der deutlich geringere Abgaben anfallen. Letzteres würde für die gesetzliche Rentenversicherung zusätzlich zu den früher anfallenden Rentenausgaben auch noch Beitragsausfälle nach

71 Mit dem Hartz-IV-Fortentwicklungsgesetz wurde zum 1. August 2006 der Schonbetrag für Vermögen der privaten Alterssicherung von 200 auf 250 Euro je Lebensjahr des Arbeitslosengeld II-Beziehers angehoben. Gleichzeitig wurde der allgemeine Freibetrag für sonstiges Vermögen von 200 auf 150 Euro je Lebensjahr gesenkt. Insgesamt bleibt also ein Geldvermögen von 400 Euro je Lebensjahr vom Verwertungszwang ausgenommen.

72 Ein Verbleiben in der Arbeitslosigkeit dürfte sich schon deshalb meist nicht lohnen, weil sich gleichzeitig der zu überbrückende Zeitraum vom 65. bis zum 67. Lebensjahr verlängert.

sich ziehen. Zugleich hätten jüngere Erwerbspersonen, die das frühestmögliche Renteneintrittsalter noch nicht erreicht haben, am Arbeitsmarkt Wettbewerbsnachteile, weil die Beschäftigung von Rentnern aufgrund geringerer Sozialabgaben billiger wäre. Deshalb hat der Gesetzgeber die Hinzuverdienstmöglichkeiten schon bislang begrenzt. Nach geltendem Recht (§ 34 Abs. 2 und 3 SGB VI) können Bezieher einer Rente wegen Alters erst ab Vollendung des 65. Lebensjahres unbegrenzt hinzuverdienen. Übt ein Rentner nach Erreichen dieser Altersgrenze versicherungsfrei eine abhängige Beschäftigung aus, muss der Arbeitgeber gem. § 172 Abs. 1 SGB VI weiter den Arbeitgeberbeitrag, d.h. den halben gesetzlichen Rentenbeitrag abführen.[73] Der beschäftigte Rentner selbst ist versicherungsfrei und zahlt keinen Arbeitnehmerbeitrag, erwirbt aber für die einbezahlten Arbeitgeberbeiträge keine zusätzlichen Entgeltpunkte. Die Beschäftigung von Rentnern, die das gesetzliche Renteneintrittsalter vollendet haben, wird also faktisch mit einer zusätzlichen Lohnsteuer belegt. Sie soll Wettbewerbsverzerrungen zulasten regulärer Erwerbspersonen verhindern und der gesetzlichen Rentenversicherung Einnahmen sichern. Hält der Gesetzgeber an dieser Zielsetzung fest, muss parallel zur Anhebung des abschlagsfreien gesetzlichen Renteneintrittsalters auch die Altersgrenze, ab der Rentner unbegrenzt hinzuverdienen können, auf 67 Jahre angehoben werden. Die geplante Ausnahmeregelung für Versicherte mit mindestens 45 Versicherungsjahren ist dann allerdings noch weniger haltbar.

Vor Erreichen des 65. Lebensjahres (bzw. der Regelaltersgrenze) liegt die Hinzuverdienstgrenze (bei einer Vollrente) nach geltendem Recht ungefähr bei einem Siebtel des durchschnittlichen monatlichen Bruttolohns (vgl.

73 Für geringfügig entlohnte Beschäftigungsverhältnisse gelten gesonderte Regelungen. Ein Ausweichen in eine selbständige Tätigkeit – etwa über einen Werkvertrag – ist inzwischen sehr erschwert (vgl. § 7 SGB IV und § 2 SGB VI), wenn auch nicht gänzlich ausgeschlossen.

§ 34 SGB VI i. V. m. § 18 Abs. 1 SGB IV).[74] Das entspricht derzeit in Westdeutschland 350 Euro monatlich. Diese Grenze gilt unabhängig von der Höhe der jeweiligen Rentenanwartschaft. Da bei künftig sinkendem Bruttorentenniveau nach geltendem Recht die Relation zwischen möglichem Hinzuverdienst und jeweiliger Rente deutlich steigt, könnte ein wachsender Teil der Beschäftigten die erhöhten Abschläge bei unveränderten Renteneintrittsalter auch durch verstärktes Ausweichen auf Hinzuverdienstmöglichkeiten im Rahmen geringfügig entlohnter Beschäftigungen kompensieren.[75]

Schließlich spielen auch andere Sozialleistungen und das Steuerrecht eine Rolle. Denn der Vorteil eines früheren oder späteren Renteneintritts bemisst sich nicht am jeweiligen Bruttoeinkommen, sondern am verfügbaren Nettoeinkommen. Die durchschnittlichen direkten Abgabenquoten der Rentner liegen bislang deutlich unter denen der Beschäftigten. Daher verringert sich das verfügbare Nettoeinkommen mit dem Renteneintritt längst nicht so stark wie das Bruttoeinkommen. Zwar verringert der Übergang zur nachgelagerten Besteuerung der Alterseinkünfte künftig den Abstand der durchschnittlichen Steuerbelastungen.[76] Unter den in dieser Studie zugrunde gelegten gesamtwirtschaftlichen Annahmen zahlen selbst Durchschnittsrentner ohne weitere Einkünfte langfristig Einkommensteuer. Dennoch bleibt die direkte Abgabenbelastung der Rentner auch langfristig deutlich niedriger.[77]

74 Maßgeblich ist die monatliche Bezugsgröße gem. § 18 Abs. 1 SGB IV, d.h. das „Durchschnittsentgelt der gesetzlichen Rentenversicherung im vorvergangenen Kalenderjahr, aufgerundet auf den nächsthöheren, durch 420 teilbaren Betrag".

75 Gegenwärtig kann ein Standardrentner etwa 30 Prozent seiner Bruttorente hinzuverdienen. Nach der vorgesehenen Verringerung des Bruttorentenniveaus um etwa ein Fünftel wären es knapp 40 Prozent.

76 Außerdem müssen Rentner ihren Pflegebeitrag allein aufbringen.

77 Allein die wegfallenden Rentenbeiträge schlagen mit 10 bis 12 Prozentpunkten (Arbeitnehmeranteil) zu Buche.

Auch das Transfersystem mindert in bestimmten Fällen den Vorteil eines späteren Renteneintritts. Unterhalb des staatlich garantierten Existenzminimums bleiben versicherungsmathematische Abschläge auf die Rente wirkungslos. Derzeit entspricht das durch ergänzende Sozialhilfe und Wohngeld gewährleistete Existenzminimum eines ledigen Erwerbsfähigen ungefähr dem Rentenanspruch, den ein Durchschnittsverdiener in 25 bis 30 Beitragsjahren erwirbt.[78] Ab vollendetem 65. Lebensjahr tritt an die Stelle ergänzender Sozialhilfe zudem die Grundsicherung im Alter und bei Erwerbsminderung gem. GSiG, die sogar ein etwas höheres Existenzniveau gewährleistet.[79] Abschläge aufgrund eines Renteneintritts vor Erreichen der Regelaltersgrenze werden somit nur wirksam, solange dadurch das jeweilige Existenzminimum nicht unterschritten wird. Sollte die künftige Absenkung des Rentenniveaus gegenüber dem Lohnniveau nicht entsprechend auf die gesetzlichen Grundsicherungsleistungen übertragen werden, würde der Abstand zwischen Standardrente und Existenzminimum immer geringer. Für einen steigenden Anteil der Versicherten würde dann die Anhebung der Regelaltersgrenze keine nennenswerte Wirkung mehr entfalten. Einerseits würden die Abschläge nicht greifen. Andererseits würden zusätzliche erworbene Entgeltpunkte das Alterseinkommen nicht erhöhen, weil die Rentenhöhe das gesetzlich garantierte Existenzminimum unterschreitet.

78 Hierbei sind jeweils die nach Abzug der Sozialversicherungsbeiträge verfügbaren Einkommen gegenübergestellt. Die Untergrenze entspricht den Durchschnittsleistungen (ohne Zusatzleistungen) an einen ledigen SGB II- bzw. SGB XII-Empfänger in Deutschland. Höhere Werte ergeben sich, wenn z.B. die im Durchschnitt höheren westdeutschen Leistungen für Unterkunft und Heizung in Rechnung gestellt werden.

79 Deshalb muss die Altersgrenze im GSiG bzw. in § 30 Abs. 1 SGB XII ebenfalls auf 67 Jahre steigen.

2.2.2 Höhe der Zugangsfaktoren ist mitentscheidend

Eine wichtige Rolle im individuellen Kalkül des Versicherten bei der Wahl seines Renteneintritts spielen die versicherungsmathematischen Ab- und Zuschläge. Je niedriger die Abschläge für das Vorziehen bzw. die Zuschläge für das Hinausschieben des Renteneintritts sind, desto attraktiver ist für den Versicherten – unter sonst gleichen Bedingungen – ein früherer Renteneintritt (und umgekehrt).

Von der Höhe der Ab- und Zuschläge hängt aber auch ab, wie sich das (durchschnittliche) tatsächliche Renteneintrittsverhalten für die Versichertengemeinschaft und für die öffentlichen Haushalte finanziell auswirkt. Es kommt daher auf den Standpunkt des Betrachters an, ob die versicherungsmathematischen Ab- und Zuschläge die finanziellen Wirkungen eines individuell früheren oder späteren Renteneintritts neutralisieren und somit „aktuarisch fair" sind.

Aus dem Blickwinkel der gesetzlichen Rentenversicherung sind die geltenden Ab- und Zuschläge aktuarisch fair, wenn sie – langfristig – die finanziellen Folgen eines früheren oder späteren Renteneintritts für die Versichertengemeinschaft neutralisieren.[80] Neutralitätsmaßstab ist die Teilhabeäquivalenz, d.h. die Zugangsfaktoren müssen sicherstellen, dass Versicherte desselben Geburtsjahrgangs unabhängig von ihrem individuellen Renteneintrittsalter ungefähr gleich hohe Beitragsrenditen erzielen.[81]

80 Dies gilt allerdings erst auf lange Sicht, weil etwa ein Rückgang des tatsächlichen Renteneintrittsalters zunächst unvermeidlich zu Beitragssteigerungen führt. Üblicherweise werden deshalb nur stationäre Zustände vergleichen (vgl. Salthammer, Klaus (2003)) bzw. „versicherungsmathematische Neutralität" (Börsch-Supan, Axel (2004), S. 260) gefordert; vgl. ähnlich Ohsmann, Sabine/Stolz, Ulrich/Thiede, Reinhold (2004a).

81 Vgl. Ohsmann, Sabine/Stolz, Ulrich/Thiede, Reinhold (2004b), S. 173. Das Bundessozialgericht kritisiert allerdings diesen Maßstab in seinem o.g. Vorlagebeschluss (vgl. S. 35, Fn. 55) unter Verweis auf das Fehlen einer gesamtschuldnerischen Haftung der Versicherten. Vgl. zur Problematik der gängigen „Mischkalkulation" auch Seidl, Christian (2006b), S. XI, Fn. 12.

Praktisch bedeutet das: Die Renditen für Versicherte, die vor oder nach Erreichen des gesetzlichen Renteneintrittsalters in Rente gehen, müssen mit der Rendite des im gleichen Jahr geborenen Standardrentners übereinstimmen. Allerdings ist eine genaue Übereinstimmung nicht erreichbar.[82] Der Gesetzgeber hat deshalb eine vereinfachte pauschale Regelung getroffen, die je nach tatsächlichem Renteneintrittsalter unvermeidlich zu gewissen Abweichungen führt.[83] Darüber hinaus differenziert sie nicht nach Geschlecht. Da Männer eine geringere Lebenserwartung als Frauen aufweisen, müssten ihre Ab- und Zuschläge betragsmäßig jeweils höher als die der Frauen sein. Denn die finanziellen Vor- und Nachteile müssen bei den Männern in einer entsprechend kürzeren durchschnittlichen Rentenbezugsdauer ausgeglichen werden. Die geltenden einheitlichen Ab- und Zuschläge von 0,3 bzw. 0,5 Prozent pro Monat können deshalb nicht für beide Geschlechter neutral sein. Derzeit sind sie aus Sicht der gesetzlichen Rentenversicherung tendenziell für ledige Frauen und verheiratete Männer (unter Einschluss der Hinterbliebenenrente) neutral, für ledige Männer jedoch zu niedrig.[84]

Der einzelne Versicherte rechnet bei seiner individuellen Entscheidung über den Renteneintritt allerdings anders als die gesetzliche Rentenversicherung. Seine Bewertung der Vor- und Nachteile hängt von jenem Zinssatz ab, mit dem er künftige Einkommens- bzw. Konsumströme abdiskontiert. Dieser dürfte mindestens dem langfristigen Kapitalmarktzinssatz entsprechen und

82 Dies würde letztlich simultan bestimmte Zugangsfaktoren für die einzelnen Jahrgänge erfordern. Zu beachten ist auch, dass die versicherungsmathematisch neutralen Ab- und Zuschläge vom gesetzlich fixierten abschlagsfreien Renteneintrittsalter (Regelaltersgrenze) abhängen.

83 Versicherungsmathematisch wären anstelle linearer Ab- und Zuschläge exponentielle geboten; vgl. Clemens, Johannes (2004). Der Betragssprung zwischen Ab- und Zuschlag je Monat trägt dem nur partiell Rechnung.

84 Vgl. Ohsmann, Sabine/Stolz, Ulrich/Thiede, Reinhold (2004a). Zur künftigen Bewertung vgl. Abschnitt 4.4.

diesen häufig sogar übertreffen. Er dürfte daher in vielen Fällen erst recht die inzwischen erreichten internen Renditen der gesetzlichen Rentenbeiträge übersteigen. Daher sind die geltenden Ab- und Zuschläge bislang für viele Versicherte wahrscheinlich keineswegs anreizneutral, sondern verzerren deren Renteneintrittsentscheidung tendenziell zugunsten eines früheren Renteneintritts.[85]

2.2.3 Verstärktes Ausweichen auf Erwerbsminderungsrenten wahrscheinlich

Erheblichen Einfluss auf die Wirkungen der höheren Regelaltersgrenze dürfte die Gestaltung des künftigen Zugangs zu Erwerbsminderungsrenten ausüben. Dass dieser durch ebenfalls höhere Abschläge oder andere Maßnahmen künftig deutlich erschwert wird, ist derzeit nicht absehbar.[86] Der Anteil der Erwerbsminderungsrenten an den Rentenzugängen dürfte daher künftig eher steigen, was den Wirkungsgrad der höheren Regelaltersgrenze reduziert.

Denn unveränderte Zugangsfaktoren bei den Erwerbsminderungsrenten würden für ältere Versicherte den Anreiz, auf diese auszuweichen, erheblich vergrößern. Wie stark diese Möglichkeit genutzt würde, hinge zwar auch von der medizinischen Einstufungspraxis ab, doch nehmen insgesamt mit fortschreitendem Alter gesundheitliche Risiken zu, die Erwerbsminderung begründen. Für die Phase ab dem 65. Lebensjahr gilt dies erst recht.

85 Vgl. Börsch-Supan, Axel (2004); Pimpertz, Jochen (2004). Allerdings lassen sich solche Effekte kaum exakt beziffern, da sowohl der Rechnungszinssatz als auch das Arbeitseinkommen und andere Zahlungsströme, die dabei mitberücksichtigt werden müssten, individuell stark variieren können.

86 Vgl. Abschnitt 1.4.2

Die Erwerbsminderungsrente dürfte sich ohnehin noch mehr als bisher zu einem Substitut für Frühverrentung entwickeln, weil andere Möglichkeiten der Frühverrentung künftig wegfallen.[87] Wie aus Tabelle 3 ersichtlich nutzten bislang fast 40 Prozent der weiblichen Rentenzugänge die künftig abgeschaffte abschlagsfreie „Altersrente für Frauen". Männer haben bislang vor allem die ebenfalls entfallende „Altersrente wegen Arbeitslosigkeit oder nach Altersteilzeitarbeit" stark genutzt. Ein Teil dieser Rentenzugänge dürfte sich künftig auf die Erwerbsminderung verlagern.[88] Auch dürfte der

Tabelle 3:
Verteilung der Versichertenrentenzugänge nach Rentenarten (Allgemeine Rentenversicherung) Angaben in Prozent

Jahr	Versichertenrenten						
	insgesamt	Renten wegen verminderter Erwerbsfähigkeit	Regelaltersrenten	Altersrenten			
				für langjährig Versicherte	für Schwerbehinderte	wegen Arbeitslosigkeit und nach Altersteilzeitarbeit	für Frauen
Männer							
2000	100,0	24,1	19,0	14,7	9,0	33,0	-
2001	100,0	23,6	20,3	14,2	9,9	31,9	-
2002	100,0	21,6	22,6	15,4	10,2	30,1	-
2003	100,0	20,2	26,4	14,9	10,1	28,4	-
2004	100,0	20,0	29,7	13,6	9,9	26,7	-
Frauen							
2000	100,0	15,1	33,6	2,3	2,9	3,1	43,1
2001	100,0	15,8	35,1	2,2	3,9	1,3	41,7
2002	100,0	15,5	38,1	2,2	4,3	0,9	39,1
2003	100,0	14,7	40,0	2,0	4,5	0,7	38,0
2004	100,0	14,7	40,7	1,9	4,8	0,7	37,2

Quelle: Rentenzugangsstatistik des VDR bzw. der DRV Bund, verschiedene Jahrgänge

87 Zwar konstatiert die Bundesregierung (2006), S. 9 für die vergangenen Jahre einen Rückgang „arbeitsmarktbedingter Erwerbsminderungsrenten". Dennoch wird rund ein Drittel der gesundheitsbedingten Frührentenzugänge aller öffentlichen Versorgungssysteme als „arbeitsmarktinduziert " eingestuft; vgl. Rehfeld, Uwe. G. (2006), S. 17.

88 Vgl. Viebrock, H. (2006), S. 332.

Anteil der Erwerbsminderungsrenten bei den Frauen zunehmen, weil sich deren Erwerbsbiographie stärker der der Männer annähert. Denn damit steigt ihre altersspezifische Erwerbsbeteiligung auch in fortgeschrittenem Lebensalter, bei dem Erwerbsminderung gehäuft auftritt.

2.2.4 Demographischer Wandel verbessert Beschäftigungsperspektiven nicht automatisch

Je günstiger die Beschäftigungslage insgesamt ist und je höher die Lohnerwartungen für die Zeit des vorgezogenen Rentenbezugs ausfallen, desto attraktiver ist für die Beschäftigten ein späterer Renteneintritt. Dies gilt allerdings auch mit umgekehrten Vorzeichen. Bei hoher Arbeitslosigkeit und geringen Beschäftigungschancen Älterer stünde vielen Versicherten die Option, länger zu arbeiten, ohnehin nicht offen. Unter den gegenwärtigen Arbeitsmarktbedingungen wäre daher die sofortige Anhebung des gesetzlichen Renteneintrittsalters praktisch gleichbedeutend mit einer reinen Rentenkürzung.

Bis allerdings die schrittweise Anhebung abgeschlossen ist, werden noch rund 23 Jahre vergehen, in denen sich die demographischen und wirtschaftlichen Bedingungen verändern. Dabei wird die Zahl der 20- bis 64-Jährigen von derzeit 50 bis 2029 auf rund 46 Millionen zurückgehen. Rechnet man allerdings – entsprechend der Anhebung des gesetzlichen Renteneintrittsalters – künftig auch die 65- und 66-Jährigen hinzu, nimmt die Bevölkerung im erwerbsfähigen Alter bis 2029 nicht um rund 4 Millionen, sondern lediglich um etwa 1,3 Millionen ab.[89] Wie stark sich die Verschiebung letztlich auf das zahlenmäßige Arbeitskräfteangebot auswirkt, wird von der künftigen Erwerbsbeteiligung bestimmt. Bei unveränderten altersspezifischen Erwerbsquoten würde die Alterung der Erwerbsbevölkerung insgesamt zu einem Rückgang der durchschnittlichen Erwerbsbeteiligung

89 Bezieht man die Altersgruppe der 15- bis 19-Jährigen mit ein, in der allerdings die Erwerbsbeteiligung ausbildungsbedingt niedrig liegt, ergibt sich ein analoges Bild.

führen und damit das Arbeitskräfteangebot zusätzlich verringern. Dieses würde dann selbst unter Berücksichtigung der höheren Regelaltersgrenze um 4,5 Millionen zurückgehen.

Die Anhebung des gesetzlichen Rentenalters soll jedoch gerade mit einer stärkeren Erwerbsbeteiligung Älterer einhergehen bzw. diese sogar herbeiführen. Gelingt dies, verringert sich der rechnerische Effekt der demographischen Entwicklung deutlich. In den Szenarien der vorliegenden Studie verringert sich die Erwerbspersonenzahl bis 2029 um höchstens 3,8 und wenigstens 1,2 Millionen. Die heutige Zahl von Arbeitsplätzen (insbesondere für sozialversicherungspflichtig Beschäftigte) würde also nicht ausreichen, alle Erwerbspersonen zu beschäftigen. Wie sich die Nachfrage nach Arbeitskräften künftig entwickelt, hängt von den gesamtwirtschaftlichen Bedingungen ab und wirkt auch auf die Erwerbsbeteiligung zurück. So dürfte die Erwerbspersonenzahl gerade bei ungünstiger Wirtschaftsentwicklung stärker abnehmen.

In jedem Fall ist aber eine grundlegende Veränderung der Beschäftigungskultur erforderlich, um die angestrebten beschäftigungs- und rentenpolitischen Ziele zu erreichen. Die Unternehmen müssten künftig einen großen Teil ihres Arbeitskräftebedarfs aus dem Potential älterer Erwerbspersonen decken. Wie groß diese Herausforderung ist, lässt sich an der Altersstruktur der Erwerbsfähigen ablesen. Die Zahl der 55- bis 64-Jährigen steigt bis 2029 um 2,5 Millionen. Die Altersgruppe von 55 Jahren bis zum jeweiligen gesetzlichen Renteneintrittsalter wächst sogar um 5,2 Millionen. Der jeweilige Anteil an der vergleichbaren Gesamtzahl der Erwerbsfähigen steigt dabei von 19 auf 26 bzw. 30 Prozent.

2.2.5 Insgesamt nur begrenzter Anstieg des tatsächlichen Renteneintrittsalters zu erwarten

Aufgrund der Vielzahl der zu berücksichtigenden Einflüsse und der Ungewissheit künftiger Entwicklungen, lässt sich das künftige Renteneintrittsverhalten nur bedingt abschätzen. Insgesamt dürfte die Anhebung des gesetzlichen Renteneintrittsalters nur einen begrenzten Anstieg des durchschnittlichen tatsächlichen Renteneintrittsalters auslösen. Bei langfristig eher ungünstiger Lohn- und Beschäftigungsentwicklung ist es sogar unwahrscheinlich, dass die Anhebung der Regelaltersgrenze im Schnitt überhaupt einen merklichen Anstieg des tatsächlichen Renteneintrittsalters auslöst, zumal auch andere Einflüsse eher dagegen sprechen. Daher kommt dem oben diskutierten Grenzfall, bei dem die Anhebung des gesetzlichen Renteneintrittsalters keine Änderung im tatsächlichen Renteneintrittsverhalten, sondern ausschließlich eine Senkung der Zugangsfaktoren auslöst, durchaus eine gewisse Plausibilität zu.

Dagegen ist auch bei einer günstigen Lohn- und Beschäftigungsentwicklung, die es den älteren Beschäftigten erlaubt, ohne Lohneinbußen länger zu arbeiten, nicht zu erwarten, dass der andere Grenzfall eintritt und das tatsächliche Renteneintrittsalter genauso stark steigt wie das gesetzliche. Dies widerspräche dem Streben nach einem möglichst ausgewogenen Verhältnis zwischen Konsum und Freizeit. Darüber hinaus ist zu bedenken, dass das tatsächliche Renteneintrittsalter auch ohne die geplante Erhöhung des gesetzlichen schon deutlich steigen wird. Ein zusätzlicher Anstieg um zwei volle Jahre würde selbst in der Altersgruppe ab 65 Jahren noch außerordentlich hohe Erwerbsbeteiligungsquoten voraussetzen. Auch müsste unterstellt werden, dass diejenigen, die schon heute deutlich nach Erreichen der Regelaltersgrenze in Rente gehen, ihren Renteneintritt auf ein noch höheres Lebensalter (unter Umständen jenseits des 70. Lebensjahres) verschieben. Und schließlich wird weiterhin ein Teil der Versicherten von Rentenzugangsmöglichkeiten Gebrauch machen, bei denen keine (erhöhten) Abschläge drohen. Dies gilt namentlich für die Erwerbsminderungsrenten.

Fasst man alle diese Überlegungen zusammen, dürfte die Anhebung des gesetzlichen Renteneintrittsalters um zwei Jahre das tatsächliche Renteneintrittsalter der davon betroffenen Rentenzugänge höchstens um etwa ein Jahr gegenüber dem sonst zu erwartenden Durchschnittswert erhöhen, sofern es überhaupt zu einer nennenswerten Änderung des Renteneintrittsverhaltens kommt.[90] Die Zahl der betroffenen Rentenzugänge hängt dabei maßgeblich vom Umfang möglicher Ausnahmen und Ausweichmöglichkeiten ab. Sie bestimmen den Wirkungsgrad der geplanten Anhebung der Regelaltersgrenze. Das tatsächliche Renteneintrittsalter aller Rentenzugänge steigt entsprechend deutlich weniger. Zwar unterstellen die folgenden Berechnungen im Regelfall, dass die geplante Ausnahmeregelung für Versicherte mit mindestens 45 Versicherungsjahren nicht verwirklicht wird. Doch sind beim durchschnittlichen Zugangsalter zu Erwerbsminderungsrenten und Altersrenten für Schwerbehinderte keine nennenswerten Änderungen zu erwarten, solange die betreffenden Regelaltersgrenzen und Zugangsfaktoren nicht ebenfalls angepasst werden. Vielmehr dürfte der Anteil der Erwerbsminderungsrenten an den Rentenzugängen tendenziell steigen, sofern der Zugang nicht auf andere Weise erschwert wird. Die Wirkung beschränkt sich damit im Wesentlichen auf die künftigen Bezieher einer Regelaltersrente oder einer Altersrente für langjährige Versicherte.

90 Diese Einschätzung ergibt sich aus der dieser Studie zugrunde liegenden Arbeitsmarktprojektion. Zu einem ähnlichen Ergebnis gelangen Werding, Martin/Kaltschütz, Anita (2005), S. 123.

3. Finanzielle Folgen für Rentenversicherung und öffentliche Haushalte

Die vorliegenden Berechnungen zeigen erwartungsgemäß, dass die schrittweise Erhöhung des gesetzlichen Renteneintrittsalters langfristig die Rentenausgaben senkt. Dies führt gegenüber der Fortführung des Status quo einerseits zu niedrigeren Beitragssätzen und zu einem geringeren Bundeszuschuss und andererseits zu höheren aktuellen Rentenwerten. Allerdings dürfen die finanziellen Entlastungseffekte nicht überschätzt werden. Insbesondere können auch bei Anhebung der Regelaltersgrenze auf 67 Jahre die bislang angestrebten Beitrags- und Rentenniveauziele nur um den Preis eines stark steigenden steuerfinanzierten Bundeszuschusses eingehalten werden.

3.1 Rentenausgaben werden verringert

Zahlreiche Kürzungen der Rentenleistungen haben die ursprüngliche Dynamik der Rentenausgaben inzwischen weitgehend gedämpft. Wie Tabelle 4 zeigt, sorgt schon das derzeit geltende Rentenrecht dafür, dass die Rentenausgaben im Verhältnis zum Bruttoinlandsprodukt bis 2050 kaum mehr steigen und streckenweise sogar zurückgehen (Status-quo-Szenarien). Würde das heutige Bruttorentenniveau beibehalten, wie dies einst als „dynamische Teilhabe" in Aussicht gestellt war, fiele die Rentenausgabenquote dagegen bis 2050 um mindestens vier Prozentpunkte höher aus. Beim heutigen Bruttoinlandsprodukt entspräche dies einer Differenz von fast 100 Milliarden Euro, um die die jährlichen Rentenausgaben dann hinter den ursprünglichen Leistungsversprechen zurückbleiben. Das bedeutet: Jeder Rentner erhält 2050 mindestens ein Viertel weniger an Leistungen als es bei bruttolohnbezogener Fortschreibung der Rente der Fall wäre.[91] Wären heutige Rentner von diesen Leistungskürzungen bereits betroffen, läge die durchschnittliche monatliche Gesamtleistung, die ein Rentner in Deutschland einschließlich des KVdR-Zuschusses erhält, nicht bei rund 960 Euro, sondern lediglich bei knapp 700 Euro.

91 Dazu tragen auch Eingriffe außerhalb der Rentenformel wie die Streichung von Ausbildungszeiten bei; vgl. Ottnad, Adrian (2006), S. 115ff. Nicht berücksichtigt sind hier die bereits vor 2005 vollzogenen Kürzungen. Bezogen auf frühere Zeitpunkte ist das Ausmaß zurückgenommener Leistungszusagen entsprechend größer.

Die Anhebung der Regelaltersgrenze senkt die Rentenausgabenquote bei unverändertem Renteneintrittsverhalten langfristig nochmals um rund 0,3 Prozentpunkte (Reformszenarien ohne Verhaltensänderung). Steigt als Folge der Anhebung auch das tatsächliche Renteneintrittsalter, fällt dieser Effekt etwas stärker aus, wenn die höhere Zahl der Beschäftigten wie unterstellt positiv auf das Wirtschaftswachstum wirkt (Reformszenarien mit Anstieg des tatsächlichen Renteneintrittsalters). Ist dies nicht der Fall bzw. findet das höhere Arbeitskräfteangebot nur zu einem entsprechend niedrigeren Lohn Beschäftigung, bleiben die Einsparungen sogar geringer als bei unverändertem Renteneintrittsverhalten. Tabelle 4 verdeutlicht dies exemplarisch für ein Szenario, das auf der unteren Lohn- und Beschäftigungsvariante basiert.

Ferner hängt der zu erwartende Einspareffekt vom Wirkungsgrad der Reform ab. Dies zeigt eine weitere, wiederum am Beispiel der unteren Lohn- und Beschäftigungsvariante durchgeführte Vergleichsrechnung. Sie unterstellt alternativ, dass die Zahl der von der Reform betroffenen Rentenzugänge entweder um ein Drittel niedriger oder um ein Drittel höher liegt als in den übrigen Szenarien angenommen. Der niedrigere Wirkungsgrad wäre in etwa zu erwarten, wenn die geplante Ausnahme für Versicherte mit mindestens 45 Versicherungsjahren zum Tragen käme. Der Einspareffekt würde dadurch (wiederum gemessen am Bruttoinlandsprodukt) um bis zu einem Drittel geringer ausfallen. Der höhere Wirkungsgrad würde dagegen voraussetzen, dass der Zugang zu Erwerbsminderungsrenten entgegen bisherigen Absichten deutlich erschwert bzw. ebenfalls mit höheren Abschlägen belegt wird. In diesem Fall würden auch die Rentenausgaben stärker gedämpft.

Tabelle 4:
Anteil der Rentenausgaben am Bruttoinlandsprodukt 2005-2050

Szenario				2005	2010	2015	2020	2025	2050
Entwicklung von		Renteneintrittsalter							
Lohn	SV-Beschäftigten	gesetzliches[2]	tatsächliches[3]	Prozent					
obere	obere	65	unverändert	10,6	9,8	9,8	9,7	9,8	10,7
		67	unverändert	10,6	9,8	9,7	9,7	9,7	10,4
			erhöht	10,6	9,8	9,7	9,6	9,6	10,3
	untere[1]	65	unverändert	10,6	9,8	9,8	9,8	10,0	10,7
		67	unverändert	10,6	9,8	9,8	9,8	9,8	10,4
			erhöht	10,6	9,8	9,7	9,6	9,7	10,4
untere	obere	65	unverändert	10,6	10,0	10,0	10,1	10,2	11,0
		67	unverändert	10,6	10,0	10,0	10,0	10,1	10,6
			erhöht	10,6	10,0	9,9	9,9	10,0	10,6
	untere[1]	65	unverändert	10,6	10,0	10,1	10,2	10,3	11,0
		67	unverändert	10,6	10,0	10,1	10,1	10,2	10,7
			erhöht	10,6	10,0	10,0	10,0	10,1	10,6
		späterer Renteneintritt, aber Lohnrückgang[4]							
untere, vermindert	untere[1]	67	erhöht	10,6	10,0	10,1	10,1	10,3	10,8
		geringerer Wirkungsgrad der Reform[5]							
untere	untere[1]	67	unverändert	10,6	10,0	10,1	10,1	10,3	10,8
			erhöht	10,6	10,0	10,0	10,0	10,1	10,7
		höherer Wirkungsgrad der Reform[6]							
		67	unverändert	10,6	10,0	10,0	10,1	10,2	10,6
			erhöht	10,6	9,9	9,9	9,9	10,0	10,5

1 bei Anstieg des tatsächlichen Renteneintrittsalters jeweils erhöht
2 67 = schrittweise Anhebung auf 67 Jahre 2012-2029
3 durchschnittliches tatsächliches Eintrittsalter jeweils bezogen auf Niveau ohne Reform
4 Lohnsumme wie bei unverändertem Renteneintrittsverhalten
5 50 statt 75 Prozent der Rentenzugänge ab vollendetem 60. Lebensjahr betroffen
6 100 statt 75 Prozent der Rentenzugänge ab vollendetem 60. Lebensjahr betroffen

Quelle:
Rentenprojektion Prof. Dr. Reinhold Schnabel (2006), Universität Essen; gesamtwirtschaftliche Projektion IWG BONN

3.2 Beitragssatz steigt langsamer

Obwohl der künftige Anstieg der Rentenausgaben – anders als etwa der der Gesundheits- und Pflegeausgaben – bereits weitgehend begrenzt worden ist,

Tabelle 5:
Beitragssatz in der Allgemeinen Rentenversicherung 2005-2050

Szenario				2005	2010	2015	2020	2025	2050
Entwicklung von		Renteneintrittsalter		Prozent vom beitragspflichtigen Bruttolohn					
Lohn	SV-Beschäftigten	gesetzliches[2]	tatsächliches[3]						
obere	obere	65	unverändert	19,5	20,0	19,6	20,4	21,6	23,3
		67	unverändert	19,5	20,0	19,6	20,3	21,3	22,6
			erhöht	19,5	20,0	19,5	20,0	20,8	22,1
	untere[1]	65	unverändert	19,5	20,0	19,8	20,7	22,3	24,5
		67	unverändert	19,5	20,0	19,7	20,6	22,0	23,7
			erhöht	19,5	20,0	19,6	20,3	21,5	23,2
untere	obere	65	unverändert	19,5	20,2	19,8	20,6	21,8	23,5
		67	unverändert	19,5	20,2	19,8	20,5	21,5	22,8
			erhöht	19,5	20,2	19,7	20,2	21,0	22,2
	untere[1]	65	unverändert	19,5	20,2	20,0	20,9	22,5	24,6
		67	unverändert	19,5	20,2	19,9	20,8	22,2	23,9
			erhöht	19,5	20,2	19,8	20,5	21,7	23,3
		späterer Renteneintritt, aber Lohnrückgang[4]							
untere, vermindert	untere[1]	67	erhöht	19,5	20,2	19,9	20,8	22,3	24,1
		geringerer Wirkungsgrad der Reform[5]							
untere		67	unverändert	19,5	20,2	19,9	20,8	22,3	24,1
			erhöht	19,5	20,2	19,9	20,8	22,1	23,6
		höherer Wirkungsgrad der Reform[6]							
		67	unverändert	19,5	20,2	19,9	20,7	22,0	23,8
			erhöht	19,5	20,2	19,7	20,4	21,3	22,7

1 bei Anstieg des tatsächlichen Renteneintrittsalters jeweils erhöht
2 67 = schrittweise Anhebung auf 67 Jahre 2012-2029
3 durchschnittliches tatsächliches Eintrittsalter jeweils bezogen auf Niveau ohne Reform
4 Lohnsumme wie bei unverändertem Renteneintrittsverhalten
5 50 statt 75 Prozent der Rentenzugänge ab vollendetem 60. Lebensjahr betroffen
6 100 statt 75 Prozent der Rentenzugänge ab vollendetem 60. Lebensjahr betroffen

Quelle: Rentenprojektion Prof. Dr. Reinhold Schnabel (2006), Universität Essen; gesamtwirtschaftliche Projektion IWG BONN muss sich die schrumpfende Erwerbsbevölkerung darauf einstellen, dass die Belastung ihrer Einkommen durch Beiträge und Steuern zur Finanzierung der gesetzlichen Renten weiter steigt. Auch die Rentner selbst werden als Steuerzahler zunehmend zur Finanzierung herangezogen.

Wird auch künftig ein Drittel der gesamten Rentenausgaben über Steuern (Bundeszuwendungen) finanziert, steigt der Beitragssatz in der gesetzlichen Rentenversicherung ohne Anhebung der Regelaltersgrenze bis 2050 auf knapp 24 bis 25 Prozent (vgl. Tabelle 5). Auch nach 2050 würde sich der Anstieg noch fortsetzen. Die gesetzlich vorgesehenen Obergrenzen von 20 bzw. 22 Prozent würden selbst bei der oberen Lohn- und Beschäftigungsvariante spätestens ab 2018 durchgängig überschritten.

Bei unverändertem Renteneintrittsverhalten dämpft die schrittweise Anhebung der Regelaltersgrenze den Anstieg des Beitragssatzes jeweils bis 2025 um 0,3 Prozentpunkte und bis 2050 um bis zu 0,8 Prozentpunkte. Steigt dagegen das durchschnittliche tatsächliche Renteneintrittsalter, fällt die Beitragssenkung bereits von Anfang an jeweils um etwa 0,5 Prozentpunkte stärker aus.[90] Der volle Dämpfungseffekt (maximal 1,3 Beitragspunkte) wird wiederum erst lange nach 2050 erreicht. Voraussetzung dafür ist allerdings, dass die zusätzlichen Beitragszahler ohne Dämpfung der Löhne Beschäftigung finden, so dass die beitragspflichtige Entgeltsumme entsprechend höher ausfällt. In dem Maß, in dem das zusätzliche Arbeitskräfteangebot dagegen die Löhne (relativ zur Entwicklung unter Status-quo-Bedingungen) senkt, schwächt sich dieser Effekt ab. Gleiches gilt für eine Variation des Wirkungsgrades: Je weniger (mehr) Versicherte von der Anhebung des gesetzlichen Renteneintrittsalters betroffen sind, desto weniger (mehr) wird der Beitragssatz stabilisiert. Tabelle 5 verdeutlicht diese Zusammenhänge wiederum exemplarisch an entsprechenden Variationsrechnungen für die untere Lohn- und Beschäftigungsentwicklung.

92 Vorausberechnungen der Deutschen Rentenversicherung Bund gelangen für 2030 zu einer ähnlichen Größenordnung; vgl. Rische, Herbert (2006), S. 4.

3.3 Weiterer Anstieg des Bundeszuschusses ist zu erwarten

Die Anhebung des gesetzlichen Renteneintrittsalters trägt zwar zur Stabilisierung des Beitragssatzes bei, weil sie die Rentenausgaben senkt und im günstigsten Fall sogar das Wirtschaftswachstum verstärkt. Doch reicht der erzielbare Entlastungseffekt selbst unter sehr günstigen Bedingungen nicht aus, den Beitragssatz auf dem von der Politik angestrebten Niveau von höchstens 22 Prozent zu halten.[93] Wahrscheinlicher ist, dass der Beitragssatz trotz der Anhebung des gesetzlichen Renteneintrittsalters bis 2050 auf 23 bis 24 Prozent steigen wird. Die Möglichkeiten der Politik, dies zu verhindern sind eng begrenzt. Entweder müsste sie die Rentenleistungen noch stärker beschneiden. Dann würde das gesetzlich vorgegebene Sicherungsniveau jedoch deutlich unterschritten. Angesichts der bereits vollzogenen Leistungskürzungen und der nachfolgend dargestellten Entwicklung der Renditen der gesetzlichen Renten dürften die zur Deckelung des Beitragssatzes erforderlichen Kürzungen auch auf verfassungsrechtliche Bedenken stoßen. Ähnliches gilt für eine noch stärkere Heraufsetzung des gesetzlichen Renteneintrittsalters z.B. auf 70 Jahre. Denn je stärker die Anhebung ausfällt, desto wahrscheinlicher wirkt sie als reine Rentenkürzung. Oder aber der Finanzierungsanteil des Bundeszuschusses müsste noch stärker steigen, als in den vorliegenden Berechnungen unterstellt.

Unter den hier getroffenen Annahmen steigt der Finanzierungsanteil des Bundeszuschusses von gegenwärtig 23 Prozent bis 2050 auf über 26 Prozent.[94] Um den Beitragssatz bei höchstens 22 Prozent zu stabilisieren,

93 Diese Zielmarke ist allerdings nach geltendem Recht auf 2030 befristet. Für die Zeit danach, in der die demographische Alterung ihre volle Wirkung entfaltet, gibt es bislang keine explizite Festlegung.

94 Die vorliegenden Berechnungen unterstellen in allen Varianten einheitlich einen konstanten Anteil der Bundeszuwendungen an den Rentenausgaben. Der Anteil des Bundeszuschusses an diesen steigt langfristig; vgl. Abschnitt 7.1.3. Seinem Finanzierungsanteil entsprechend profitiert auch der Bund von der finanziellen Entlas-tungswirkung der Anhebung des gesetzlichen Renteneintrittsalters.

müsste dieser Finanzierungsanteil trotz Anhebung des gesetzlichen Renteneintrittsalters wenigstens auf rund 28 Prozent angehoben werden. Bei ungünstigerer Lohn- und vor allem Beschäftigungsentwicklung reicht dies jedoch bei Weitem nicht aus. Der zur Beitragsstabilisierung erforderliche Bundeszuschuss müsste dann 2050 fast die Hälfte der Rentenausgaben decken. Noch ungünstiger stellt sich die Lage allerdings bei Fortführung der geltenden Rechtslage dar. Hier müsste zur Deckelung des Beitragssatzes im ungünstigsten Fall bis 2050 sogar mehr als die Hälfte der Rentenausgaben aus Steuermitteln finanziert werden.

Eine deutliche Ausweitung des ohnehin schon hohen Steuerfinanzierungsanteils stößt ebenfalls auf erhebliche Schwierigkeiten. Die Ausgabenstruktur des Bundeshaushalts würde noch mehr als bisher von den Transferausgaben für Alterssicherung dominiert. Zugleich würden auch Steuerzahler, die nicht Mitglied der gesetzlichen Rentenversicherung sind und von dieser keine Leistungen erhalten, noch stärker an der Finanzierung beitragsbezogener Leistungen beteiligt, als dies ohnehin schon zu erwarten ist.

3.4 Höhere Rentenwerte dämpfen fiskalischen Entlastungseffekt

Die geplante Anhebung der Regelaltersgrenze senkt nicht nur die Beitragssätze. Zugleich erhöht sie in allen Lohn- und Beschäftigungsvarianten die Rentenwerte dauerhaft im Vergleich zur Fortführung des Status quo, weil die geltende Rentenformel einen Teil der finanziellen Entlastung den Rentnern zukommen lässt (vgl. Tabelle 6). Dies liegt vor allem an der Konstruktion des Nachhaltigkeitsfaktors. Dieser lässt die Rentner an der finanziellen Entlastung partizipieren. Mit Blick auf die bisherigen Reformmaßnahmen heißt dies allerdings: Die Anhebung des gesetzlichen Renteneintrittsalters auf 67 Jahre hebelt einen Teil der Dämpfungswirkung des Nachhaltigkeitsfaktors aus.[95] Dabei erhöht sich der Rentenwert stärker, wenn auch

95 Vgl. Abschnitt 2.1.2, sowie Babel, Bernhard/Bomsdorf, Eckart (2006).

das tatsächliche Renteneintrittsalter steigt und nicht nur die Senkung der Zugangsfaktoren (voll) wirksam wird – allerdings wiederum nur, wenn sich die Löhne trotz Ausweitung der Beschäftigung auf unverändertem Niveau bewegen. Geht die höhere Beschäftigung mit einer entsprechend schwächeren Lohnentwicklung einher, fallen die Rentenanpassungen kaum höher aus als im Status quo. Außerdem variiert die Höhe des Rentenwerts jeweils mit dem Wirkungsgrad der Reform.

Höhere Rentenwerte und bei einem späteren Renteneintritt zusätzlich anfallende Entgeltpunkte bedeuten nicht zwingend, dass auch die monatlich gezahlten Renten nach der Reform höher ausfallen. Denn solange das tatsächliche Renteneintrittsalter nicht genauso stark wie das gesetzliche ansteigt, mindern höhere Abschläge die für die tatsächliche Rentenhöhe maßgebliche Zahl der persönlichen Entgeltpunkte. Entscheidend ist daher der Nettoeffekt.

Ändert sich das tatsächliche Renteneintrittsalter nicht, werden die niedrigeren Zugangsfaktoren voll wirksam. 2050 liegt dann der Rentenwert um etwa 2,4 Prozent höher als bei Fortführung des Status quo. Dies reicht bei Weitem nicht aus, den zusätzlichen Abschlag von 7,2 Prozent auszugleichen. Für die davon Betroffenen ergibt sich im Vergleich zum geltenden Recht langfristig also eine absolute Rentenkürzung von fast fünf Prozent. Zwischen 2030 und 2040 beträgt diese sogar rund sechs Prozent.

Tabelle 6:

Aktueller Rentenwert (West) 2005-2050 in unterschiedlichen Szenarien

Szenario				2005	2010	2015	2020	2025	2050
Entwicklung von		Renteneintrittsalter		Euro je Entgeltpunkt und Monat					
Lohn	SV-Beschäftigten	gesetzliches[2]	tatsächliches[3]						
obere	obere	65	unverändert	26,13	26,92	29,98	33,26	36,80	61,84
		67	unverändert	26,13	26,92	30,00	33,35	37,02	63,27
			erhöht	26,13	26,92	30,11	33,35	37,48	64,30
	untere[1]	65	unverändert	26,13	26,92	29,89	32,99	36,13	59,30
		67	unverändert	26,13	26,92	29,91	33,07	36,35	60,99
			erhöht	26,13	26,92	30,02	33,26	36,81	62,06
untere	obere	65	unverändert	26,13	26,59	28,89	31,26	33,73	51,16
		67	unverändert	26,13	26,59	28,91	31,34	33,94	52,35
			erhöht	26,13	26,59	29,01	31,52	34,36	53,20
	untere[1]	65	unverändert	26,13	26,59	28,80	31,00	33,11	49,29
		67	unverändert	26,13	26,59	28,82	31,08	33,32	50,49
			erhöht	26,13	26,59	28,92	31,26	33,74	51,34
untere, vermindert	untere[1]	**späterer Renteneintritt, aber Lohnrückgang[4]**							
		67	erhöht	26,13	26,59	28,89	31,17	33,53	50,80
untere		**geringerer Wirkungsgrad der Reform[5]**							
		67	unverändert	26,13	26,59	28,81	31,05	33,25	50,06
			erhöht	26,13	26,59	28,82	31,11	33,38	50,86
		höherer Wirkungsgrad der Reform[6]							
		67	unverändert	26,13	26,59	28,87	31,15	33,48	50,53
			erhöht	26,13	26,59	28,99	31,39	34,06	52,28

1 bei Anstieg des tatsächlichen Renteneintrittsalters jeweils erhöht
2 67 = schrittweise Anhebung auf 67 Jahre 2012-2029
3 durchschnittliches tatsächliches Eintrittsalter jeweils bezogen auf Niveau ohne Reform
4 Lohnsumme wie bei unverändertem Renteneintrittsverhalten
5 50 statt 75 Prozent der Rentenzugänge ab vollendetem 60. Lebensjahr betroffen
6 100 statt 75 Prozent der Rentenzugänge ab vollendetem 60. Lebensjahr betroffen

Quelle:
Rentenprojektion Prof. Dr. Reinhold Schnabel (2006), Universität Essen; gesamtwirtschaftliche Projektion IWG BONN

Diese Einbußen werden vermieden, wenn auch das tatsächliche durchschnittliche Renteneintrittsalter steigt. Je nach Szenario fallen die Rentenwerte dann bis 2050 bei unveränderter Lohnentwicklung um bis zu vier Prozent höher aus als bei Fortführung geltenden Rechts. Da Versicherte, denen sonst höhere Abschläge drohen, annahmegemäß durchschnittlich etwa zwölf Monate länger arbeiten, erhöht sich zudem ihre durchschnittliche Entgeltpunktzahl um rund zwei Prozent. In diesem Fall würden daher ihre monatlichen Rentenzahlungen (vor Steuern) trotz des verbleibenden zusätzlichen Abschlages von 3,6 Prozent sogar um rund 2,5 Prozent höher ausfallen als unter Status-quo-Bedingungen. Eine gleichzeitige Lohndämpfung würde allerdings diesen Gewinn weitgehend aufzehren.

Ob und wie sich die monatlichen Rentenbeträge durch die Anhebung des gesetzlichen Renteneintrittsalters ändern werden, wird somit maßgeblich von der künftigen Lohn- und Beschäftigungsentwicklung bestimmt. Wie weit die betroffenen Versicherten ihren Renteneintritt tatsächlich hinausschieben müssen, um im Vergleich zum jeweiligen Status-quo-Szenario Rentenkürzungen in der Bezugsphase zu vermeiden, hängt allerdings auch vom Wirkungsgrad der Reform ab bzw. vom Anteil der künftigen Rentner, die von höheren Abschlägen (bzw. niedrigeren Zugangsfaktoren) gar nicht betroffen sind. Diese Gruppe stellt sich dank der höher ausfallenden Rentenanpassungen in jedem Fall besser. Das trifft auf alle künftigen Rentenzugänge zu, für die der Gesetzgeber Ausnahmen schafft, also zum Beispiel Bezieher von Erwerbsminderungsrenten oder gegebenenfalls auch Versicherte mit mindestens 45 Versicherungsjahren. Daneben profitieren zunächst auch noch Bestandsrentner, die keine bzw. niedrigere Abschläge hinnehmen mussten. Die übrigen Versicherten müssen diese Gewinne über höhere Abschläge und kürzere Rentenbezugszeiten (bzw. längere Beitragszeiten) quasi mitfinanzieren. Anders ausgedrückt: Je mehr Versicherte ohne zusätzliche Abschläge wie bisher in Rente gehen können, desto länger müssen die übrigen arbeiten, um anschließend eine gleich hohe Rente wie unter Status-quo-Bedingungen zu erreichen. Nach den vorliegenden Berechnungen müssten die von Abschlägen betroffenen Versicherten durchschnittlich zwischen sieben bis neun Monate länger arbeiten, um anschließend auf ihre „alte" Rentenhöhe zu gelangen.

Abzuwarten bleibt allerdings, ob die Rentenpolitik angesichts des weiter steigenden Zuschussbedarfs der gesetzlichen Rentenversicherung und der damit verbundenen Steuerlasten nicht eine Änderung der Rentenformel vornimmt, um die fiskalische Entlastung stärker zur Beitragsstabilisierung zu nutzen. Dann würden die Beitragssätze deutlich stärker gesenkt, die Versicherten müssten aber überwiegend geringere Rentenzahlbeträge hinnehmen oder noch länger arbeiten. Würden die höheren Rentenanpassungen voll abgeschöpft, würden die Status-quo-Rentenbeträge im Schnitt erst nach 15 zusätzlichen Beitragsmonaten erreicht. Allerdings würde eine solche Abschöpfung rasch mit der Niveausicherungsklausel kollidieren.

4. Renditeberechnungen ohne Berücksichtigung des Bundeszuschusses

Die Anhebung der Regelaltersgrenze stabilisiert zwar auf lange Sicht die Rentenfinanzen. Den langfristigen Fall der Renditen der gesetzlichen Renten, der jüngere Jahrgänge jeweils schlechter stellt, hält sie jedoch nicht auf. Lediglich Frauen erzielen langfristig geringfügig höhere Renditen als bei unverändertem gesetzlichen Renteneintrittsalter – allerdings nur, wenn auch das tatsächliche Renteneintrittsalter steigt. Bei unverändertem Renteneintrittsverhalten verschlechtern sich die Renditen langfristig sogar leicht. Allerdings halten sich beide Effekte in so engen Grenzen, dass sie gemessen an den langfristigen Änderungen der Rendite weitgehend zu vernachlässigen sind. Darüber hinaus resultieren sie im Wesentlichen aus der unveränderten Beibehaltung der versicherungsmathematischen Ab- und Zuschläge.

Stärkere Abweichungen ergeben sich allerdings in einer Übergangsphase. Hier kommt es zu deutlichen Renditeverschlechterungen, so dass für ledige Männer die realen Renditen bereits ab dem Jahrgang 1965 negativ werden können. Ohne Anhebung der gesetzlichen Altersgrenze wäre dies erst etwa ab dem Jahrgang 1985 zu erwarten.

Die geplante Ausnahmeregelung für Versicherte mit mindestens 45 Versicherungsjahren würde diesen einen erheblichen Renditevorteil verschaffen, was gegen den Grundsatz der Teilhabeäquivalenz verstößt. Für die übrigen Versicherten würden zusätzliche Anreize gesetzt, möglichst wenig in die für sie zunehmend unattraktive gesetzliche Rentenversicherung einzuzahlen.

4.1 Langfristiger Renditerückgang vorgezeichnet

Wie bereits aus zahlreichen früheren Untersuchungen bekannt, sinken die Renditen, die einzelne Geburtsjahrgänge für ihre Beiträge in der gesetzlichen Rentenversicherung erzielen, seit Einführung des bestehenden Systems ständig. Dies bestätigen auch die vorliegenden Berechnungen, die den aktuellen Rechts- und Datenstand berücksichtigen. Abbildung 5 zeigt die langfristige Entwicklung der nominalen, Abbildung 6 die der realen Renditen für ledige männliche und weibliche Durchschnittsverdiener der Jahrgänge 1920 bis 2040 in Westdeutschland. Die geplante Anhebung der Regelaltersgrenze ist dabei jeweils nicht berücksichtigt.

Mit 3,5 bis 4,5 Prozent erzielen heutige Zugangsrentner recht beachtliche Renditen. Damit erreichen sie zwar nicht mehr die hohen Renditen der ersten Rentnerjahrgänge, die noch von hohen Einführungsgewinnen profitieren. Verglichen mit nachfolgenden Jahrgängen stellen sie sich aber immer noch gut. Diese müssen sich auf weiter rückläufige Renditen einstellen. Je nach wirtschaftlicher Entwicklung sinken die nominalen Renditen bei Frauen fast auf 2,5 bis 2,0 Prozent, bei den Männern auf unter 2,0 bzw. unter 1,5 Prozent. Die realen Renditen können bei nach 1985 geborenen Männern sogar negativ werden, wenn sich die Lohn- und Beschäftigungsentwicklung am unteren Rand des Annahmenkorridors bewegt. Noch ungünstigere Entwicklungen hätten entsprechend niedrigere Renditen zur Folge.

Abbildung 5:

Nominale Renditen in der gesetzlichen Rentenversicherung ohne Anhebung des gesetzlichen Renteneintrittsalters für die Jahrgänge 1920-2040

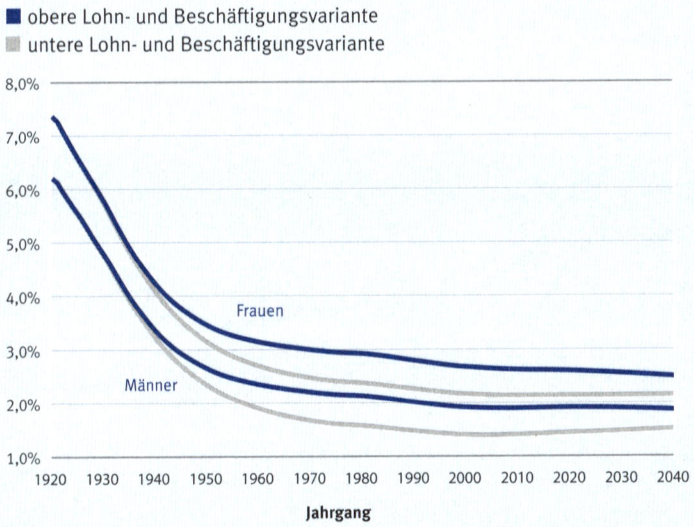

Ledige westdeutsche Standardrentner, d.h. Durchschnittsverdiener mit 45 Entgeltpunkten, Renteneintrittsalter 65 Jahre.
Jahrgänge 1920-1929 wegen verkürzter Beitragszeit und Anwartschaft nur begrenzt vergleichbar.
Interne Renditen bezogen auf 80 Prozent der gezahlten Rentenbeiträge (Arbeitnehmer- und Arbeitgeberanteil) und ohne Berücksichtigung des Bundeszuschusses.

Externe Daten:
Alle Zahlen zu den Abbildungen finden Sie im Internet unter: www.dia-vorsorge.de/rente67/

Quelle:
IWG BONN

Abbildung 6:

Reale Renditen in der gesetzlichen Rentenversicherung ohne Anhebung des gesetzlichen Renteneintrittsalters für die Jahrgänge 1920-2040

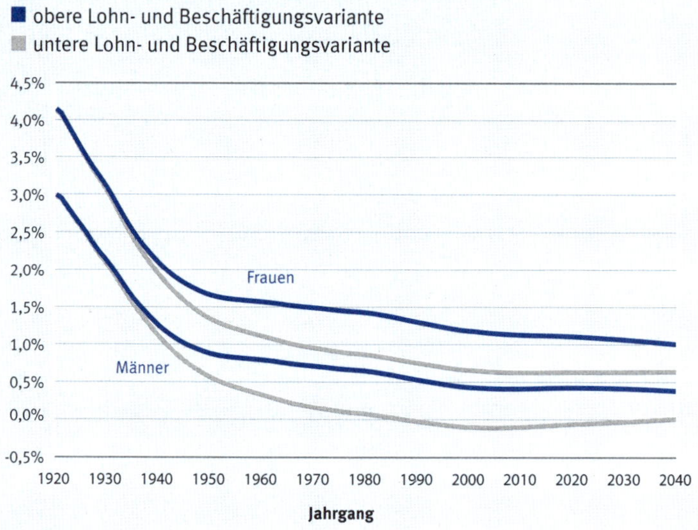

Ledige westdeutsche Standardrentner, d.h. Durchschnittsverdiener mit 45 Entgeltpunkten, Renteneintrittsalter 65 Jahre.
Jahrgänge 1920-1929 wegen verkürzter Beitragszeit und Anwartschaft nur begrenzt vergleichbar.
Interne Renditen bezogen auf 80 Prozent der gezahlten Rentenbeiträge (Arbeitnehmer- und Arbeitgeberanteil) und ohne Berücksichtigung des Bundeszuschusses.
Preisbereinigung mit Lebenshaltungskostenindex – angenommene jährliche Preissteigerung ab 2007: 1,5 Prozent.

Externe Daten:
Alle Zahlen zu den Abbildungen finden Sie im Internet unter: www.dia-vorsorge.de/rente67/

Quelle:
IWG BONN

4.2 Anhebung des gesetzlichen Renteneintrittsalters ändert Renditen langfristig kaum

Die Anhebung der Regelaltersgrenze verändert die zu erwartenden Renditen langfristig nur marginal. Wie sich die geplante Änderung für Männer und Frauen im Einzelnen auswirkt, zeigen Abbildung 7 und Abbildung 8 exemplarisch. Sie geben jeweils die Entwicklung der nominalen Renditen für das günstigste wirtschaftliche Szenario (obere Lohn- und Beschäftigungsvariante) wieder. Die hier zu beobachtenden Effekte treten jeweils – niveauversetzt – auch bei ungünstigeren Annahmenkombinationen auf.

Abbildung 7:

Nominale Renditen für ledige Männer der Jahrgänge 1950-2040 bei Anhebung des gesetzlichen Renteneintrittsalters (obere Lohn- und Beschäftigungsvariante)

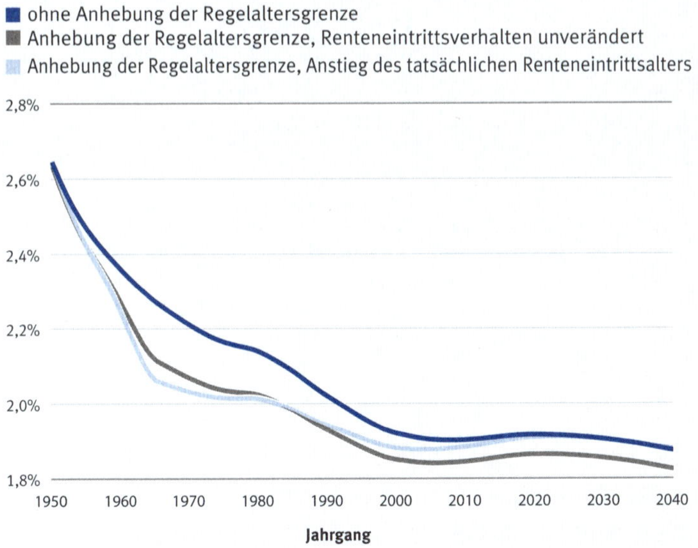

Ledige westdeutsche Standardrentner, d.h. Durchschnittsverdiener mit 45 Entgeltpunkten, Renteneintrittsalter 65 Jahre – bei Anstieg des gesetzlichen und des tatsächlichen Renteneintrittsalters steigend auf 47 Entgeltpunkte, Renteneintrittsalter 67 Jahre. Interne Renditen bezogen auf 80 Prozent der gezahlten Rentenbeiträge (Arbeitnehmer- und Arbeitgeberanteil) und ohne Berücksichtigung des Bundeszuschusses.

Externe Daten:
Alle Zahlen zu den Abbildungen finden Sie im Internet unter: www.dia-vorsorge.de/rente67/

Quelle:
IWG BONN

Abbildung 8:
Nominale Renditen für ledige Frauen der Jahrgänge 1950-2040 bei Anhebung des gesetzlichen Renteneintrittsalters (obere Lohn- und Beschäftigungsvariante)

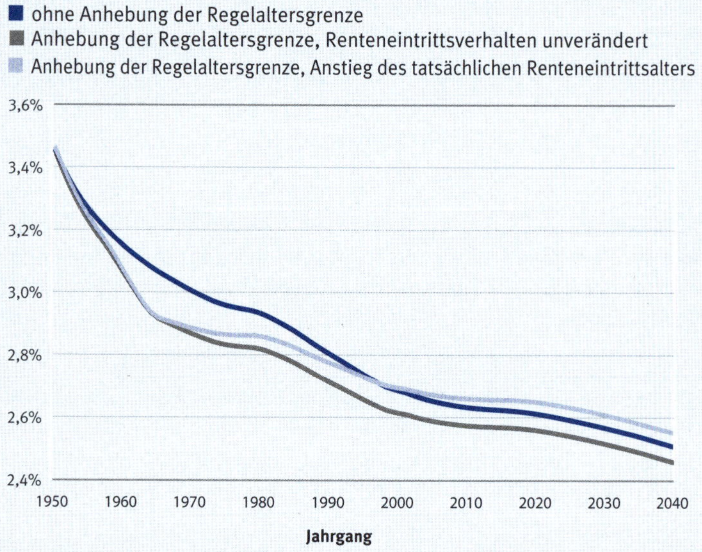

Ledige westdeutsche Standardrentner, d.h. Durchschnittsverdiener mit 45 Entgeltpunkten, Renteneintrittsalter 65 Jahre – bei Anstieg des gesetzlichen und des tatsächlichen Renteneintrittsalters steigend auf 47 Entgeltpunkte, Renteneintrittsalter 67 Jahre. Interne Renditen bezogen auf 80 Prozent der gezahlten Rentenbeiträge (Arbeitnehmer- und Arbeitgeberanteil) und ohne Berücksichtigung des Bundeszuschusses.

Externe Daten:
Alle Zahlen zu den Abbildungen finden Sie im Internet unter: www.dia-vorsorge.de/rente67/

Quelle:
IWG BONN

Von den Wirkungen der ab 2012 einsetzenden Anhebung der Regelaltersgrenze sind im Prinzip alle dann noch lebenden Jahrgänge betroffen, also zum Beispiel auch die dann 92-jährigen Rentner des Geburtsjahrgangs 1920. Letztere profitieren – wie alle Bestandsrentner – von höheren Rentenanpassungen. Allerdings ist die daraus resultierende Renditeverbesserung zu vernachlässigen. Ab dem Jahrgang 1947 wirkt sich die schrittweise Anhebung der Regelaltersgrenze auch auf den Zugangsfaktor bzw. die Rentenbezugsdauer aus. Während dies die Rendite tendenziell mindert, profitieren die nachfolgenden Jahrgänge im Zeitverlauf zunehmend von den niedrigeren Beitragssätzen. Langfristig werden die renditemindernden Wirkungen immer mehr durch die höheren Rentenwerte und vor allem durch die niedrigeren Beitragssätze kompensiert. In welchem Maß und wie schnell dies geschieht, hängt wieder vom Renteneintrittsverhalten und möglichen gesamtwirtschaftlichen Rückwirkungen ab. Ändert sich das durchschnittliche Renteneintrittsverhalten der Versicherten nicht, bleiben die Renditen auch langfristig etwas niedriger als bei unveränderter Regelaltersgrenze.

4.3 Deutliche Einbußen für Übergangsjahrgänge

Während die Anhebung des gesetzlichen Renteneintrittsalters den langfristigen Renditetrend kaum beeinflusst, stellt sie zwischenzeitlich zahlreiche Jahrgänge spürbar schlechter. Das betrifft vor allem die zwischen 1960 und 1980 Geborenen, deren Renditen um bis zu 0,2 Prozentpunkte niedriger ausfallen als in den Status-quo-Szenarien. Bei ungünstiger Lohn- und Beschäftigungsentwicklung hat dies zur Folge, dass schon nach 1970 geborene Männer reale Verluste erleiden (vgl. Tabelle 7). Die realen Renditen der Frauen sinken in diesem Fall bis auf 0,6 Prozent (vgl. Tabelle 8). Für andere gesamtwirtschaftliche Szenarien ergibt sich auf etwas höherem Niveau ein analoges Verlaufsmuster. Kommt es bei einem Anstieg des tatsächlichen Renteneintrittsalters zu einer gegenläufigen Lohnreaktion, so mindert diese die Renditen der Übergangsjahrgänge nochmals geringfügig. Die reale „Verlustzone“ beginnt dann bereits bei Männern, die nach 1965 geboren sind.

Mit ihrer Renditeminderung tragen die „Übergangsjahrgänge“ die Last der Reform, durch die die Rentenfinanzierung bzw. der Bundeshaushalt finanziell entlastet werden. Die für sie mit der Anhebung der Regelaltersgrenze verbundene Leistungsverschlechterung reduziert die implizite Verschuldung der Rentenversicherung, die bei Einführung der umlagefinanzierten Rentenversicherung (und späterer Leistungsverbesserungen) aufgebaut worden ist. Dadurch verringert sich die Abgabenlast der nachfolgenden Jahrgänge.

Tabelle 7:
Renditen für ledige Männer der Jahrgänge 1920-2040 bei Anhebung des gesetzlichen Renteneintrittsalters (untere Lohn- und Beschäftigungsvariante)

Rendite[1]	nominal				real			
gesetzliches Renteneintrittsalter	65	Anhebung auf 67[2]			65	Anhebung auf 67[2]		
tatsächliches Renteneintrittsalter	insgesamt unverändert - für Standardrentner 65		insgesamt erhöht - für Standardrentner Anstieg auf 67[3]		insgesamt unverändert - für Standardrentner 65		insgesamt erhöht - für Standardrentner Anstieg auf 67[3]	
Lohnentwicklung	untere			untere, vermindert[4]	untere			untere, vermindert[4]
Jahrgang	Prozent							
1920[5]	6,29	6,29	6,29	6,29	3,03	3,03	3,03	3,03
1930	4,75	4,75	4,76	4,75	2,07	2,07	2,07	2,07
1940	3,21	3,22	3,23	3,23	1,10	1,10	1,11	1,11
1950	2,33	2,31	2,32	2,30	0,55	0,54	0,55	0,53
1960	1,89	1,79	1,77	1,74	0,33	0,23	0,20	0,18
1970	1,66	1,52	1,49	1,47	0,16	0,01	-0,01	-0,03
1980	1,57	1,45	1,45	1,44	0,07	-0,04	-0,04	-0,06
1990	1,47	1,38	1,40	1,39	-0,03	-0,12	-0,10	-0,10
2000	1,39	1,32	1,36	1,36	-0,10	-0,18	-0,14	-0,14
2010	1,40	1,34	1,39	1,39	-0,10	-0,16	-0,11	-0,11
2020	1,44	1,38	1,44	1,44	-0,06	-0,12	-0,06	-0,06
2030	1,47	1,41	1,48	1,48	-0,03	-0,08	-0,02	-0,02
2040	1,51	1,45	1,52	1,52	0,01	-0,05	0,02	0,02

Ledige westdeutsche Standardrentner, d.h. Durchschnittsverdiener mit 45 Entgeltpunkten, Renteneintrittsalter 65 Jahre – bei Anstieg des gesetzlichen und des tatsächlichen Renteneintrittsalters steigend auf 47 Entgeltpunkte, Renteneintrittsalter 67 Jahre

1 Altersrente einschließlich KVdR-Zuschuss bezogen auf 80 Prozent der Rentenbeiträge (Arbeitnehmer- und Arbeitgeberanteil) ohne Berücksichtigung des Bundeszuschusses
2 schrittweise Anhebung 2012-2029
3 schrittweiser Anstieg des durchschnittlichen tatsächlichen Renteneintrittsalters
4 Lohnsumme wie bei unverändertem Renteneintrittsverhalten
5 verkürzte Versichertenbiographie, daher nur eingeschränkt vergleichbar

Quelle: IWG BONN

Tabelle 8:

Renditen für ledige Frauen der Jahrgänge 1920-2040 bei Anhebung des gesetzlichen Renteneintrittsalters (untere Lohn- und Beschäftigungsvariante)

Rendite[1]	nominal				real			
gesetzliches Renteneintrittsalter	65	Anhebung auf 67[2]			65	Anhebung auf 67[2]		
tatsächliches Renteneintrittsalter	insgesamt unverändert - für Standardrentner 65		insgesamt erhöht - für Standardrentner Anstieg auf 67[3]		insgesamt unverändert - für Standardrentner 65		insgesamt erhöht - für Standardrentner Anstieg auf 67[3]	
Lohnentwicklung	untere			untere, vermindert[4]	untere			untere, vermindert[4]
Jahrgang	Prozent							
1920[5]	7,46	7,46	7,46	7,46	4,18	4,18	4,18	4,18
1930	5,74	5,74	5,74	5,74	3,03	3,04	3,04	3,04
1940	4,07	4,08	4,09	4,09	1,92	1,93	1,94	1,94
1950	3,13	3,12	3,14	3,12	1,33	1,32	1,34	1,32
1960	2,69	2,60	2,61	2,58	1,11	1,02	1,03	1,00
1970	2,47	2,33	2,35	2,33	0,95	0,82	0,84	0,82
1980	2,38	2,26	2,31	2,30	0,86	0,75	0,80	0,78
1990	2,26	2,17	2,24	2,23	0,75	0,66	0,73	0,72
2000	2,17	2,10	2,19	2,18	0,66	0,59	0,67	0,67
2010	2,14	2,08	2,17	2,17	0,63	0,57	0,66	0,66
2020	2,14	2,09	2,19	2,19	0,63	0,58	0,68	0,68
2030	2,14	2,09	2,19	2,19	0,63	0,58	0,68	0,68
2040	2,15	2,10	2,21	2,21	0,64	0,59	0,69	0,70

Ledige westdeutsche Standardrentner, d.h. Durchschnittsverdiener mit 45 Entgeltpunkten, Renteneintrittsalter 65 Jahre – bei Anstieg des gesetzlichen und des tatsächlichen Renteneintrittsalters steigend auf 47 Entgeltpunkte, Renteneintrittsalter 67 Jahre

1 Altersrente einschließlich KVdR-Zuschuss bezogen auf 80 Prozent der Rentenbeiträge (Arbeitnehmer- und Arbeitgeberanteil) ohne Berücksichtigung des Bundeszuschusses

2 schrittweise Anhebung 2012-2029

3 schrittweiser Anstieg des durchschnittlichen tatsächlichen Renteneintrittsalters

4 Lohnsumme wie bei unverändertem Renteneintrittsverhalten

5 verkürzte Versichertenbiographie, daher nur eingeschränkt vergleichbar

Quelle:
IWG BONN

4.4 Unveränderte versicherungsmathematische Abschläge machen späteren Renteneintritt langfristig lohnender

Soweit die Anhebung des gesetzlichen Renteneintrittsalters Anpassungsprozesse in der Lohn- und Beschäftigungsentwicklung auslösen wird – in den Szenarien mit unverändertem Renteneintrittsverhalten ist dies annahmegemäß nicht der Fall –, dürften diese wie unterstellt bis 2050, also rund 20 Jahre nach Vollendung der schrittweisen Anhebung der Regelaltersgrenze weitgehend abgeschlossen sein. Anschließend gleichen sich daher auch die jährlichen Wachstumsraten der beitragspflichtigen Lohnsumme wieder dem Status-quo-Verlauf an. Entsprechend verhalten sich die Renditen. Denn die Wachstumsrate der beitragspflichtigen Lohnsumme bestimmt langfristig maßgeblich die Rendite einer umlagefinanzierten Rentenversicherung.[96]

Allerdings verbleiben nach den vorliegenden Berechnungen auch langfristig gewisse Abweichungen. Insbesondere fallen die Renditen bei unverändertem Renteneintrittsverhalten dauerhaft etwas niedriger aus. Dies liegt an der Beibehaltung der bisherigen versicherungsmathematischen Ab- und Zuschläge. Sie lassen unberücksichtigt, dass die steigende Lebenserwartung langfristig das Niveau der versicherungsmathematisch fairen Abschläge senkt, weil sich deren Wirkung auf eine immer längere Rentenbezugszeit verteilt. Dem steht zwar zunächst die Anhebung des gesetzlichen Renteneintrittsalters gegenüber, die die Wirkungszeit der Ab- und Zuschläge verkürzt.[97] Langfristig dominiert aber der Anstieg der Lebenserwartung, so dass für künftige Jahrgänge ein späterer Renteneintritt tendenziell lohnender wird. Abbildung 9 veranschaulicht dies anhand der

96 Unter vereinfachenden Modellannahmen und bei konstantem Beitragssatz stimmen beide sogar exakt überein; vgl. Homburg, Stefan (1988), S. 19ff.

97 Vgl. Ohsmann, Sabine/Stolz, Ulrich/Thiede, Reinhold (2003); Clemens, Johannes (2004).

unteren Lohn- und Beschäftigungsvariante für den Fall eines durchschnittlich späteren Renteneintritts ohne Lohneinbuße. Sie zeigt, wie sich die Rendite eines Modellrentners in Abhängigkeit von dessen individuellem Renteneintrittsalter entwickelt. Dieses unterscheidet sich jeweils mehr oder weniger vom durchschnittlichen Renteneintrittsalter aller Versicherten und beeinflusst letzteres nicht. Bei dem betrachteten Modellrentner handelt es sich wiederum um einen Durchschnittsverdiener, der ab dem 20. Lebensjahr mit seinen Beiträgen jährlich einen Entgeltpunkt erwirbt. Die Fälle des Renteneintritts mit 65 bzw. 67 Jahren entsprechen somit dem bisherigen bzw. dem (modifizierten) künftigen Standardrentner.

Sind die geltenden versicherungsmathematischen Ab- und Zuschläge (aus Sicht der gesetzlichen Rentenversicherung) einigermaßen fair, darf das Renteneintrittsalter keinen nennenswerten Einfluss auf die Höhe der Rendite ausüben.[98] Bei den ledigen Frauen der Jahrgänge 1950 bis 1965 ist dies der Fall. Bei den ledigen Männern ergeben sich dagegen für die älteren Jahrgänge deutliche Abweichungen, die erst langfristig abnehmen. Dabei fällt die Rendite umso höher aus, je früher der Renteneintritt erfolgt. Dies bestätigt frühere Berechnungen, wonach die derzeitigen Ab- und Zuschläge für ledige Frauen einigermaßen fair, für ledige Männer aber zu niedrig sind. Für die Zukunft kehrt sich das Bild nahezu um. Für ledige Männer dürften sich die Abschläge dann einem als fair einzustufenden Niveau annähern. Für ledige Frauen (und verheiratete Männer) überschreiten sie dieses Niveau dagegen zunehmend. Ihre Rendite steigt daher mit einem höheren Renteneintrittsalter an.

98 Vgl. Abschnitt 2.2.2.

Abbildung 9:
Nominale Renditen für ledige Männer und Frauen der Jahrgänge 1950-2040 bei Anhebung des gesetzlichen Renteneintrittsalters in Abhängigkeit vom individuellen Renteneintrittsalter (untere Lohn- und Beschäftigungsvariante)

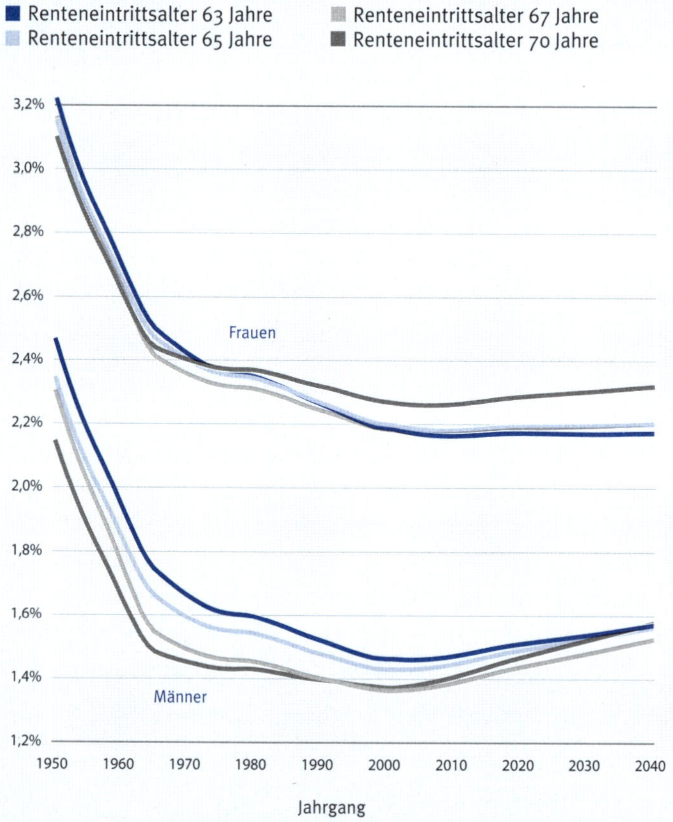

individuellem Renteneintrittsalter (untere Lohn- und Beschäftigungsvariante).
Ledige westdeutsche Durchschnittsverdiener, mit 43, 45, 47 und 50 Entgeltpunkten.
entsprechend individuellem Renteneintrittsalter 63, 65, 67, 70.
Anstieg des durchschnittlichen tatsächlichen Renteneintrittsalters.
Interne Renditen bezogen auf 80 Prozent der gezahlten Rentenbeiträge (Arbeitnehmer- und Arbeitgeberanteil) und ohne Berücksichtigung des Bundeszuschusses.

Externe Daten:
Alle Zahlen zu den Abbildungen finden Sie im Internet unter: www.dia-vorsorge.de/rente67/

Quelle:
IWG BONN

4.5 Großzügige Ausnahmeregelungen konterkarieren die Reform

Je ungleichmäßiger die Verteilungswirkungen der geplanten Reform ausfallen, desto mehr drohen unerwünschte Ausweichreaktionen der übrigen Versicherten, deren Beiträge (noch) unrentabler werden. Schon die bisherigen Erfahrungen zeigen, dass die Betroffenen solche Zusammenhänge sehr genau registrieren und darauf rational reagieren, indem sie die für sie unrentablen sozialen Sicherungssysteme vermeiden. Großzügige Ausnahmeregelungen mindern daher den finanziellen Entlastungseffekt der Reform nicht nur unmittelbar durch einen geringeren Einspareffekt bei den Ausgaben, sondern darüber hinaus auch mittelbar, indem sie die Erosion der Beitragsbemessungsgrundlage begünstigen.

Zu welchen Verzerrungen der geplante abschlagsfreie Zugang zur Altersrente mit 65 bei mindestens 45 Versicherungsjahren führen würde, zeigt Abbildung 10. Ein Durchschnittsverdiener mit 45 Versicherungsjahren, also der bisherige Standardrentner, könnte weiterhin mit 65 abschlagsfrei in Rente gehen. Ein gleichaltriger Durchschnittsverdiener, der erst ab dem 22. Lebensjahr Beiträge zahlt und bis zum 65. Lebensjahr 43 Versicherungsjahre zurücklegt, erhielte dagegen eine abschlagsfreie Rente künftig (ab 2029) erst mit Erreichen des 67. Lebensjahres. Er käme dann ebenfalls auf 45 Versicherungsjahre bzw. Entgeltpunkte, würde aber langfristig eine um rund 0,2 Prozentpunkte niedrigere Rendite erzielen als der unter die Ausnahmeregelung fallende bisherige Standardrentner. Dieser langfristige Renditeunterschied entspricht der unterschiedlichen Rentenbezugsdauer. Bei den Übergangsjahrgängen ab 1960 differieren die Renditen sogar um rund 0,3 Prozentpunkte. Denn der Nutznießer der Ausnahmeregelung profitiert ab 2012 von den Entlastungswirkungen der Reform. Seine Rendite übersteigt daher zunehmend auch diejenige, die sich (nahezu identisch) für beide Modellrentner ohne Anhebung der Regelaltersgrenze ergeben würde.[99] Für die übrigen Versicherten überwiegen wie gezeigt zunächst die Einbußen.

Abbildung 10 legt ebenfalls die untere Lohn- und Beschäftigungsvariante zugrunde und unterstellt wiederum einen Anstieg des durchschnittlichen tatsächlichen Renteneintrittsalters bei unveränderter Lohnentwicklung. Dieser Anstieg fällt allerdings wegen der nun unterstellten Ausnahmeregelung für Versicherte mit 45 Versicherungsjahren geringer aus. Die Ergebnisse lassen sich auf die übrigen Szenarien fast unverändert übertragen.

99 In Abbildung 10 ist der besseren Übersichtlichkeit wegen nur der Status-quo-Verlauf für den Modellrentner mit 43 Versicherungsjahren wiedergegeben. Dieser unterscheidet sich marginal von dem des Standardrentners, weil die beiden ersten Beitragsjahren mit dem stärksten Gewicht in die Renditeberechnung eingehen.

Abbildung 10:
Nominale Renditen für ledige Männer und Frauen der Jahrgänge 1950-2040 bei Umsetzung der Ausnahmeregelung für Versicherte mit mindestens 45 Versicherungsjahren (untere Lohn- und Beschäftigungsvariante)

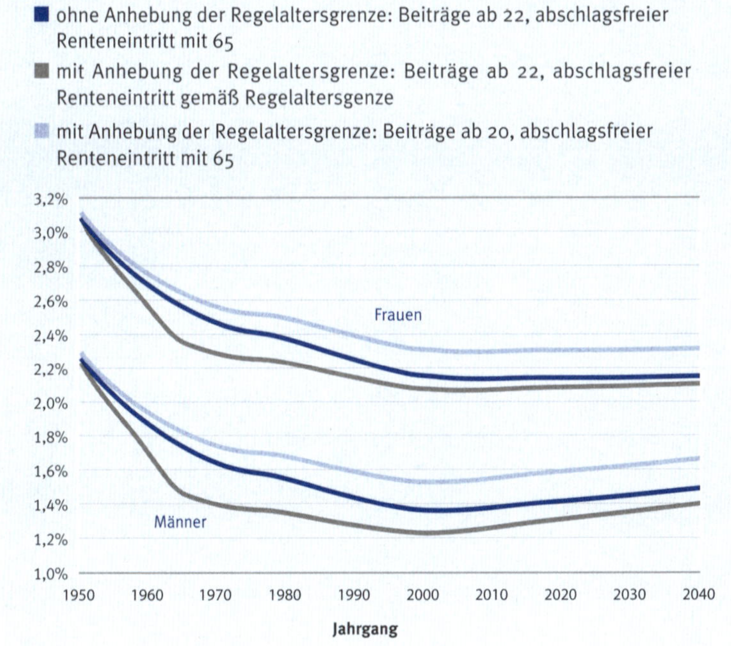

Ledige westdeutsche Durchschnittsverdiener, individueller Renteneintritt jeweils bei Erreichen des abschlagsfreien Alters.
Anstieg des durchschnittlichen tatsächlichen Renteneintrittsalters unter der Annahme, dass abschlagsfreier Zugang bei 45 Versicherungsjahren mit 65 weiter möglich (verminderter Wirkungsgrad).
Interne Renditen bezogen auf 80 Prozent der gezahlten Rentenbeiträge (Arbeitnehmer- und Arbeitgeberanteil) und ohne Berücksichtigung des Bundeszuschusses.

Externe Daten:
Alle Zahlen zu den Abbildungen finden Sie im Internet unter: www.dia-vorsorge.de/rente67/

Quelle:
IWG BONN

5. Renditeberechnungen unter Berücksichtigung des Bundeszuschusses

Die bislang betrachteten reinen Beitragsrenditen berücksichtigen nicht, dass künftig ein wachsender Teil der Rentenausgaben über Steuern finanziert werden wird. Dies führt insbesondere bei der Frage nach der Generationengerechtigkeit zu Fehleinschätzungen. Nachfolgend werden deshalb die Wirkungen der zunehmenden Steuerfinanzierung beitragsbezogener Leistungen der Rentenversicherung in die Betrachtung einbezogen. Die von den Versicherten künftig über Steuern zu tragenden Finanzierungslasten werden dabei allerdings nur in dem Umfang berücksichtigt, in dem sie auch bei sehr weiter Definition der beitragsfremden Leistungen zweifelsfrei der Finanzierung beitragsbezogener Leistungen dienen. Gleichwohl fallen die Renditen deutlich niedriger aus.

5.1 Versicherte zahlen über Steuern künftig einen zusätzlichen Rentenbeitrag

Trotz aller geplanten Eingriffe muss künftig ein steigender Teil der (beitragsbezogenen) Leistungen durch den steuerfinanzierten Bundeszuschuss finanziert werden, wenn der Beitragsanstieg in Grenzen gehalten werden soll.[100] Ob und in welchem Maß eine solche Subventionierung bislang schon stattfindet, wird unterschiedlich beurteilt. Gegenwärtig wird rund ein Drittel der gesamten Rentenausgaben aus Steuermitteln finanziert. Von diesen knapp 80 Milliarden Euro entfallen rund 55 Milliarden Euro auf Bundeszuschüsse, der Rest zu etwa gleichen Teilen auf Beitragszahlungen des Bundes für Kindererziehungszeiten ab 1992 und auf zweckgebundene Zuschüsse. Ein Teil der Rentenausgaben dient nach allgemeiner Einschätzung beitragsfremden Zwecken. Insoweit kompensieren die zufließenden Steuermittel Ausgaben, die nicht dem Beitragszahler anzulasten sind und dienen daher nicht der Finanzierung der Versichertenrenten. Strittig ist allerdings die Abgrenzung der beitragsfremden Leistungen. Die gesetzlichen Rentenversicherungsträger fassen diese seit 2003 weiter als früher, was dazu führt, dass nach ihrer Rechnung seit 1995 jeweils mindestens die

100 Vgl. Abschnitt 3.3.

gesamten zufließenden Steuermittel benötigt werden, um beitragsfremde Ausgaben zu finanzieren.[101] Für einzelne Jahre ergeben sich danach sogar leichte Unterdeckungen, d.h. es wären Beitragszahlungen der Versicherten für allgemeinstaatliche Aufgaben abgezweigt worden. Folgt man dieser Sichtweise, ist es gerechtfertigt, die Steuerzahlungen der Versicherten zur Aufbringung der Bundeszahlungen an die Rentenversicherung bei der Ermittlung der Renditen auszuklammern. Der Sachverständigenrat zur Begutachtung der gesamtwirtschaftlichen Entwicklung hat sich im Jahresgutachten 2005/06 ausführlich mit der Abgrenzung beitragsfremder Leistungen in der Sozialversicherung befasst.[102] Er folgt dabei bezüglich der gesetzlichen Rentenversicherung den Argumenten der Rentenversicherungsträger nur eingeschränkt. Kritisch bewertet er insbesondere die Begründung, mit der diese neuerdings die West-Ost-Transfers einrechnen. Im übrigen bestätigen seine aktualisierten Berechnungen die frühere Feststellung des IWG BONN, dass selbst bei umfassender Abgrenzung das Volumen der beitragsfremden Leistungen langfristig abnimmt. Das gilt sogar dann, wenn der West-Ost-Transfer eingerechnet wird.[103]

In jedem Fall aber fließt langfristig ein wachsender Teil der Steuermittel in die Finanzierung der beitragsbezogenen Rentenausgaben. Verharrt der Steuerfinanzierungsanteil an den Ausgaben der allgemeinen Rentenversicherung wie hier unterstellt weiterhin bei einem Drittel, dann entfallen bis 2050 rund 80 Prozent davon und danach sogar bis zu knapp 90 Prozent auf die Finanzierung der beitragsbezogenen Rentenausgaben.[104]

101 Vgl. Ruland, Franz (1995); VDR(2004/1).

102 Vgl. SVR, JG 2005/06, Tz.520ff.

103 Vgl. Ottnad, Adrian/Wahl, Stefanie (2005), S. 62ff.

104 Neben den West-Ost-Transfers entfallen u.a. schon früher Kriegsfolgelasten und Sonderleistungen für die Knappschaftsversicherung.

5.2 „Nach Steuern“ stellen sich nachfolgende Jahrgänge deutlich schlechter

Die reinen Beitragsrenditen der Modellrentner überzeichnen vor diesem Hintergrund die Rentabilität der gesetzlichen Renten zunehmend. Aus einer individuellen „Anlegerperspektive“ erscheint dies unerheblich, solange der betroffene Versicherte seinen eigenen Anteil an der Steuersubvention vernachlässigen kann. In diesem Fall ist es für ihn rational, seine reine Beitragsrendite mit der anderer Vorsorgeformen zu vergleichen.[103] Die Steuersubvention erhöht dann seine Rendite. Da aber der größte Teil der Bevölkerung Mitglied der gesetzlichen Rentenversicherung ist, tragen die Versicherten einen erheblichen Teil der Steuersubvention selbst.[104] Der eigene Steuerfinanzierungsanteil darf deshalb nicht mehr vernachlässigt werden, wenn es um die Rentabilität der gesetzlichen Rentenversicherung insgesamt oder um die Verteilung von Kosten und Nutzen zwischen einzelnen Geburtsjahrgängen, d.h. die Generationengerechtigkeit geht. Deshalb werden im Folgenden die anteiligen Steuerzahlungen der Versicherten in die Renditerechnung einbezogen. Die Einrechnung erfolgt aus Vorsichtsgründen erst ab 2020 und auch dann nur schrittweise,[105] so dass sie den tatsächlichen Umfang des Steuerbeitrags mit hoher Wahrscheinlichkeit deutlich unterzeichnet.

105 Dabei darf allerdings nicht vernachlässigt werden, dass ihm – anders als bei einer Kapitalanlage – abgesehen von der Möglichkeit einer selbständigen Tätigkeit kaum die Entscheidung verbleibt, ob er sein Geld in der gesetzlichen Rentenversicherung „anlegen“ will.

106 Allerdings werden die gesetzlich Versicherten durch Steuerzahler subventioniert, die keine Leistungen der gesetzlichen Rentenversicherung erhalten.

107 Vgl. Abschnitt 7.2.3.

Schon diese vorsichtige Einbeziehung, die sich erst bei den nach 1960 Geborenen auswirkt, führt langfristig zu deutlich niedrigeren Renditen. Tabelle 9 verdeutlicht dies an den realen Renditen, die sich „nach Steuern" für ledige Männer und Frauen bei unveränderter Regelaltersgrenze ergeben. Dabei werden drei Modellfälle mit unterschiedlich hohem Einkommen, aber ansonsten gleicher Versichertenbiographie betrachtet, denen jeweils die reale Rendite des Durchschnittsverdieners ohne Berücksichtigung des

Tabelle 9:

Reale Renditen für ledige Männer und Frauen der Jahrgänge 1950-2040 unter Berücksichtigung des Bundeszuschusses ohne Anhebung des gesetzlichen Renteneintrittsalters (untere Lohn- und Beschäftigungsvariante)

reale Rendite[1]	lediger Mann				ledige Frau			
Einkommenshöhe in Prozent des Durchschnitts	100	50	100	200	100	50	100	200
Berücksichtigung des Bundeszuschusses	keine	schrittweise ab 2020			keine	schrittweise ab 2020		
Geburtsjahrgang	Prozent							
1950	0,55	0,55	0,55	0,54	1,33	1,33	1,33	1,34
1960	0,33	0,32	0,32	0,31	1,11	1,10	1,10	1,10
1970	0,16	0,14	0,14	0,12	0,95	0,93	0,93	0,92
1980	0,07	0,03	0,02	0,01	0,86	0,83	0,82	0,81
1990	-0,03	-0,10	-0,11	-0,13	0,75	0,69	0,68	0,66
2000	-0,10	-0,21	-0,23	-0,26	0,66	0,57	0,55	0,52
2010	-0,10	-0,24	-0,27	-0,31	0,63	0,50	0,47	0,43
2020	-0,06	-0,24	-0,28	-0,33	0,63	0,47	0,43	0,38
2030	-0,03	-0,25	-0,30	-0,35	0,63	0,43	0,39	0,33
2040	0,01	-0,24	-0,30	-0,36	0,64	0,41	0,35	0,29

Ledige westdeutsche Modellrentner mit 45 Versicherungsjahren; Anwartschaft von 50, 100 und 200 Prozent der Standardrente, Renteneintrittsalter 65 Jahre

1 Altersrente einschließlich KVdR-Zuschuss bezogen auf 80 Prozent der Rentenbeiträge (Arbeitnehmer- und Arbeitgeberanteil) und anteiligen Bundeszuschuss – Preisbereinigung mit Lebenshaltungskostenindex – angenommene jährliche Preissteigerung ab 2007: 1,5 Prozent

Quelle: IWG BONN

Bundeszuschusses (reine Beitragsrendite) gegenübergestellt ist. Langfristig fallen die Renditen „nach Steuern" je nach Einkommenshöhe des Modellrentners um 0,2 bis 0,4 Prozentpunkte niedriger aus.

Tabelle 10:
Reale Renditen für ledige Männer und Frauen der Jahrgänge 1950-2040 unter Berücksichtigung des Bundeszuschusses bei Anhebung des gesetzlichen Renteneintrittsalters und unverändertem Renteneintritt (untere Lohn- und Beschäftigungsvariante)

reale Rendite[1]	lediger Mann				ledige Frau			
Einkommenshöhe in Prozent des Durchschnitts	100	50	100	200	100	50	100	200
Berücksichtigung des Bundeszuschusses	keine	schrittweise ab 2020			keine	schrittweise ab 2020		
Geburtsjahrgang	Prozent							
1950	0,54	0,54	0,54	0,53	1,32	1,32	1,32	1,33
1960	0,23	0,22	0,22	0,21	1,02	1,01	1,01	1,01
1970	0,01	-0,00	-0,01	-0,02	0,82	0,80	0,80	0,79
1980	-0,04	-0,08	-0,09	-0,11	0,75	0,72	0,71	0,70
1990	-0,12	-0,19	-0,20	-0,22	0,66	0,60	0,59	0,57
2000	-0,18	-0,28	-0,30	-0,33	0,59	0,50	0,48	0,45
2010	-0,16	-0,30	-0,33	-0,37	0,57	0,44	0,41	0,38
2020	-0,12	-0,30	-0,34	-0,38	0,58	0,41	0,38	0,33
2030	-0,08	-0,30	-0,35	-0,40	0,58	0,38	0,34	0,29
2040	-0,05	-0,29	-0,35	-0,41	0,59	0,36	0,30	0,25

Ledige westdeutsche Modellrentner mit 45 Versicherungsjahren, Anwartschaft von 50, 100 und 200 Prozent der Standardrente, Renteneintrittsalter 65 Jahre – schrittweise Anhebung des gesetzlichen Renteneintrittsalters auf 67 Jahre 2012-2029 – unverändertes Renteneintrittsverhalten

1 Altersrente einschließlich KVdR-Zuschuss bezogen auf 80 Prozent der Rentenbeiträge (Arbeitnehmer- und Arbeitgeberanteil) und anteiligen Bundeszuschuss – Preisbereinigung mit Lebenshaltungskostenindex – angenommene jährliche Preissteigerung ab 2007: 1,5 Prozent

Quelle: IWG BONN

Tabelle 11:
Reale Renditen für ledige Männer und Frauen der Jahrgänge 1950-2040 unter Berücksichtigung des Bundeszuschusses bei Anhebung des gesetzlichen Renteneintrittsalters und späterem Renteneintritt (untere Lohn- und Beschäftigungsvariante)

reale Rendite[1]	lediger Mann				ledige Frau			
Einkommenshöhe in Prozent des Durchschnitts	100	50	100	200	100	50	100	200
Berücksichtigung des Bundeszuschusses	keine	schrittweise ab 2020			keine	schrittweise ab 2020		
Geburtsjahrgang	Prozent							
1950	0,55	0,55	0,55	0,54	1,34	1,34	1,34	1,35
1960	0,20	0,20	0,20	0,19	1,03	1,02	1,02	1,02
1970	-0,01	-0,04	-0,04	-0,05	0,84	0,82	0,81	0,81
1980	-0,04	-0,09	-0,10	-0,11	0,80	0,76	0,75	0,74
1990	-0,10	-0,17	-0,19	-0,21	0,73	0,67	0,65	0,63
2000	-0,14	-0,24	-0,27	-0,30	0,67	0,58	0,56	0,53
2010	-0,11	-0,26	-0,29	-0,33	0,66	0,53	0,49	0,46
2020	-0,06	-0,25	-0,29	-0,34	0,68	0,51	0,46	0,42
2030	-0,02	-0,24	-0,30	-0,36	0,68	0,48	0,43	0,37
2040	0,02	-0,23	-0,30	-0,36	0,69	0,46	0,40	0,34

Ledige westdeutsche Modellrentner mit 45/47 Versicherungsjahren, Anwartschaft von 50, 100 und 200 Prozent der Standardrente, Renteneintrittsalter 65/67 Jahre – schrittweise Anhebung des gesetzlichen Renteneintrittsalters auf 67 Jahre 2012-2029 – Anstieg des durchschnittlichen Renteneintrittsalters bei unveränderter Lohnentwicklung

1 Altersrente einschließlich KVdR-Zuschuss bezogen auf 80 Prozent der Rentenbeiträge (Arbeitnehmer- und Arbeitgeberanteil) und anteiligen Bundeszuschuss – Preisbereinigung mit Lebenshaltungskostenindex – angenommene jährliche Preissteigerung ab 2007: 1,5 Prozent

Quelle: IWG BONN

Noch ungünstiger wäre das Ergebnis, wenn die Versicherten die Steuerfinanzierung allein aufbringen müssten oder entsprechend höhere Beiträge zu tragen hätten. Die Anhebung des gesetzlichen Renteneintrittsalters ändert an diesen Befunden wenig, wie Tabelle 10 und Tabelle 11 für die Fälle eines unveränderten bzw. eines späteren Renteneintritts zeigen.

Die hier jeweils für die untere Lohn- und Beschäftigungsvariante wiedergegebenen Ergebnisse lassen sich niveauversetzt wiederum auf die übrigen Szenarien übertragen. Dies bedeutet insbesondere, dass die realen Renditen lediger Männer unter Berücksichtigung des Steuerbeitrags selbst in der oberen Lohn- und Beschäftigungsvariante langfristig gegen Null tendieren.

Die Berücksichtigung des Steuerbeitrags zeigt, dass sich die gesetzliche Rentenversicherung für Versicherte mit höherem Einkommen weniger lohnt als für solche mit niedrigem – und zwar unabhängig von der erheblichen (beitragsfremden) Umverteilung, die aus sozialpolitischen Gründen direkt über die gesetzliche Rentenversicherung erfolgt. Letztere spielt bei den hier betrachteten Modellfällen, die am Durchschnittsverdiener bzw. Standardrentner anknüpfen, keine Rolle. Jedoch tragen Versicherte mit steigendem Einkommen wegen der progressiven Einkommensbesteuerung überproportional zur Steuerfinanzierung der Renten bei. Dies überwiegt gegenüber der durchschnittlich höheren Belastung unterer Einkommen durch indirekte Steuern.

Der künftige Steuerbeitrag zur Rentenfinanzierung erhöht keineswegs nur die jeweiligen Zahllasten in der Erwerbsphase, sondern schmälert anschließend in der Rentenbezugsphase auch die verfügbare Rente. Dabei steigt der Anteil am Bruttoeinkommen, den ein Versicherter an direkten und indirekten Steuern zur Rentenfinanzierung aufbringen muss, im Regelfall in der Rentenphase sogar leicht an, was vor allem der dann deutlich höheren indirekten Steuerbelastung zuzuschreiben ist. Zudem schwächt der Übergang zur nachgelagerten Rentenbesteuerung das progressionsbedingte Gefälle bei der durchschnittlichen direkten Steuerbelastung zwischen Beitragszahlern und Rentnern künftig ab.[108]

5.3 Reale Verluste von bis zu zehn Cent je einbezahltem Euro für heute geborene Männer

Was die dargestellte Entwicklung der Renditen für die jeweils Betroffenen konkret bedeutet, lässt sich am absoluten Rentenbetrag ablesen, den ein Versicherter für einen einbezahlten Euro erhält. Um diese vergleichbar zu machen, sind alle Beträge (Rentenbeitrag und schrittweise berücksichtigter anteiliger Steuerbeitrag) in Preisen von 2005 ausgedrückt und auf 2005 auf- bzw. abgezinst. Tabelle 12 zeigt die Entwicklung bei unveränderter Regelaltersgrenze für das günstigste und das ungünstigste gesamtwirtschaftliche Szenario. Während ledige Frauen langfristig noch einen realen Zuwachs von 15 bis 30 Cent für jeden an Beiträgen und Steuern einbezahlten Euro erwarten können, können ledige Männer nachgeborener Jahrgänge kaum noch mit einer realen Verzinsung rechnen. Bei ungünstigerer Entwicklung drohen ihnen reale Einbußen von bis zu zehn Cent je Euro.

108 Der einheitliche steuerliche Grundfreibetrag stellt bei Rentnern das deutlich niedrigere Bruttoeinkommen zum großen Teil oder ganz steuerfrei. Zudem steigen die Grenzsteuersätze mit dem zu versteuernden Einkommen an.

Tabelle 12:
Rente je Euro Beitrag in Preisen von 2005 für die Jahrgänge 1950-2040 ohne Anhebung des gesetzlichen Renteneintrittsalters

Geburtsjahrgang	obere Lohn- und Beschäftigungsentwicklung		untere Lohn- und Beschäftigungsentwicklung	
	lediger Mann	ledige Frau	lediger Mann	ledige Frau
	Euro Rente je 1 Euro Beitrag[1]			
1950	1,33	1,76	1,20	1,58
1960	1,29	1,72	1,11	1,47
1970	1,25	1,66	1,05	1,38
1980	1,21	1,60	1,01	1,33
1990	1,15	1,52	0,96	1,27
2000	1,10	1,45	0,93	1,21
2010	1,08	1,41	0,91	1,18
2020	1,06	1,37	0,91	1,17
2030	1,04	1,33	0,90	1,15
2040	1,01	1,28	0,90	1,14

Ledige westdeutsche Durchschnittsverdiener mit 45 Versicherungsjahren; Renteneintrittsalter 65 Jahre

1 Altersrente einschließlich KVdR-Zuschuss bezogen auf 80 Prozent der Rentenbeiträge (Arbeitnehmer- und Arbeitgeberanteil) mit schrittweiser Berücksichtigung des Bundeszuschusses ab 2020

Quelle: IWG BONN

Die Anhebung des gesetzlichen Renteneintrittsalters verringert bei den Übergangsjahrgängen die Auszahlungen noch weiter (vgl. Tabelle 13 und Tabelle 14). Am stärksten trifft dies Männer und Frauen des Jahrgangs 1970. Sie erhalten für jeden einbezahlten Euro real fünf bis sieben Cent weniger als nach der geltenden Regelung. Bei der unteren Lohn- und Beschäftigungsvariante erleidet bereits ein 1966 geborener Mann reale Einbußen. Diese steigen für die folgenden Jahrgänge weiter an und erreichen ab dem Jahrgang 1995 eine Größenordnung von rund zehn Cent je Euro.

Die Anhebung des gesetzlichen Renteneintrittsalters wirkt sich je nach Renteneintrittsverhalten für Männer und Frauen asymmetrisch aus. Vor allem in der Übergangsphase erleiden Frauen bei unverändertem Renteneintrittsverhalten infolge der Anhebung des gesetzlichen Renteneintrittsalters betragsmäßig etwas größere Einbußen als Männer (vgl. Tabelle 13). Steigt hingegen auch das tatsächliche Renteneintrittsalter, stellen sich umgekehrt die Frauen besser (vgl. Tabelle 14). Dies liegt an den einheitlichen Zugangsfaktoren, die die unterschiedliche Lebenserwartung von Männern und Frauen unberücksichtigt lassen.[109]

Tabelle 13:
Rente je Euro Beitrag in Preisen von 2005 für die Jahrgänge 1950-2040 bei Anhebung des gesetzlichen Renteneintrittsalters und unverändertem Renteneintritt

Geburtsjahrgang	obere Lohn- und Beschäftigungsentwicklung		untere Lohn- und Beschäftigungsentwicklung	
	lediger Mann	ledige Frau	lediger Mann	ledige Frau
	Euro Rente je 1 Euro Beitrag[1]			
1950	1,32	1,76	1,19	1,57
1960	1,25	1,67	1,08	1,42
1970	1,19	1,59	1,00	1,32
1980	1,17	1,55	0,97	1,28
1990	1,12	1,48	0,93	1,23
2000	1,08	1,42	0,90	1,19
2010	1,06	1,38	0,89	1,16
2020	1,04	1,35	0,89	1,15
2030	1,02	1,30	0,89	1,13
2040	0,99	1,26	0,88	1,12

Ledige westdeutsche Durchschnittsverdiener mit 45 Versicherungsjahren; Renteneintrittsalter 65 Jahre – schrittweise Anhebung des gesetzlichen Renteneintrittsalters auf 67 Jahre 2012-2029 – unverändertes Renteneintrittsverhalten

1 Altersrente einschließlich KVdR-Zuschuss bezogen auf 80 Prozent der Rentenbeiträge (Arbeitnehmer- und Arbeitgeberanteil) mit schrittweiser Berücksichtigung des Bundeszuschusses ab 2020

Quelle: IWG BONN

109 Vgl. Abschnitt 4.4.

Tabelle 14:
Rente je Euro Beitrag in Preisen von 2005 für die Jahrgänge 1950-2040 bei Anhebung des gesetzlichen Renteneintrittsalters und späterem Renteneintritt

Geburtsjahrgang	obere Lohn- und Beschäftigungsentwicklung		untere Lohn- und Beschäftigungsentwicklung	
	lediger Mann	ledige Frau	lediger Mann	ledige Frau
	Euro Rente je 1 Euro Beitrag[1]			
1950	1,33	1,77	1,20	1,58
1960	1,25	1,68	1,07	1,43
1970	1,18	1,60	0,99	1,33
1980	1,16	1,57	0,97	1,30
1990	1,12	1,51	0,94	1,26
2000	1,08	1,45	0,91	1,22
2010	1,07	1,42	0,90	1,20
2020	1,06	1,39	0,90	1,18
2030	1,04	1,34	0,90	1,17
2040	1,01	1,30	0,90	1,16

Ledige westdeutsche Durchschnittsverdiener mit 45/47 Versicherungsjahren; Renteneintrittsalter 65/67 Jahre – schrittweise Anhebung des gesetzlichen Renteneintrittsalters auf 67 Jahre 2012-2029 – Anstieg des durchschnittlichen Renteneintrittsalters bei unveränderter Lohnentwicklung

1 Altersrente einschließlich KVdR-Zuschuss bezogen auf 80 Prozent der Rentenbeiträge (Arbeitnehmer- und Arbeitgeberanteil) mit schrittweiser Berücksichtigung des Bundeszuschusses ab 2020

Quelle: IWG BONN

Die vorgenannten realen Auszahlungen je einbezahltem Euro gelten für den Durchschnittsverdiener, der vom 20. Lebensjahr bis zum 65. Lebensjahr bzw. bis zum Erreichen des gesetzlichen Renteneintrittsalters jährlich einen Entgeltpunkt erwirbt (Standardrentner). Versicherte, die bei sonst gleichem Erwerbsverlauf jeweils ein niedrigeres oder höheres beitragspflichtiges Einkommen erzielen,[110] erhalten entsprechend ihrer jeweiligen Steuerbelastung

110 Vgl. Abschnitt 5.2.

etwas höhere bzw. niedrigere reale Auszahlungen. Besonders ungünstig schneiden dabei tendenziell Beschäftigte mit hoher beruflicher Qualifikation und überdurchschnittlichem Einkommen ab. Sie treten aufgrund längerer Ausbildungszeiten typischerweise erst später in die Erwerbsphase ein. In der Folge erzielen sie dann höhere Einkommen und zahlen entsprechend höhere Beiträge und Steuern, die sich jedoch schlechter verzinsen als beim gleichaltrigen Standardrentner. Im Schnitt erhalten sie für jeden einbezahlten Euro real rund vier Cent (Männer) bzw. fünf Cent (Frauen) weniger als dieser. Dies gilt mit leichten Schwankungen – unabhängig vom betrachteten Szenario und unabhängig von der Anhebung des gesetzlichen Renteneintrittsalters – für alle Jahrgänge ab 1950.[111]

111 Für die Vergleichsrechnung wurde – stark vereinfachend – der Modellfall eines Versicherten verwendet, der ab dem 27. Lebensjahr Beiträge auf das doppelte Durchschnittsentgelt bzw. die Beitragsbemessungsgrenze zahlt.

6. Fazit

Die Anhebung des gesetzlichen Rentenalters trägt dazu bei, den Anstieg der Rentenausgaben langfristig zu begrenzen. Sie macht zwar die umlagefinanzierte gesetzliche Rentenversicherung für die Versicherten künftig nicht rentabler, doch reduziert sie langfristig den Einkommensanteil, den der Versicherte an die gesetzliche Alterssicherung abführen muss. Künftige Generationen erhalten so mehr Spielraum für private Altersvorsorge.

Die finanziellen Entlastungseffekte der Reform sind allerdings eher gering. Die Finanzlage der gesetzlichen Rentenversicherung bleibt deshalb auch in den kommenden Jahrzehnten prekär. Welche finanziellen Wirkungen die Reform für die gesetzliche Rentenversicherung und für die Versicherten im Einzelnen genau hat, hängt zudem stark von den künftigen Bedingungen am Arbeitsmarkt ab. Hier besteht noch erheblicher Handlungsbedarf für Politik und Tarifpartner. Ferner muss die Politik Sorge tragen, dass die Lasten sowohl innerhalb eines Jahrgangs als auch zwischen den verschiedenen Jahrgängen gerecht verteilt werden. Dies ist nach den bisherigen Planungen noch nicht gewährleistet. Zusätzlicher Handlungsbedarf besteht aber auch für viele Versicherte, die ihre private Vorsorge den veränderten Rahmenbedingungen anpassen und verstärkte Weiterbildungsanstrengungen unternehmen müssen.

6.1 Langfristiger Beitrag zu mehr Generationengerechtigkeit

Die geplante Anhebung des gesetzlichen Renteneintrittsalters löst nicht die akuten Finanzprobleme, mit denen die gesetzliche Rentenversicherung und die öffentlichen Haushalte gegenwärtig kämpfen. Vielmehr leistet sie nur langfristig einen Beitrag zu mehr Generationengerechtigkeit. Kürzere Rentenbezugsdauer bzw. höhere Abschläge senken die implizite Verschuldung, die mit der Einführung der umlagefinanzierten Rentenversicherung und der anschließenden Ausweitung ihrer Leistungen in der Vergangenheit aufgebaut und bislang auf die nachgeborenen Jahrgänge überwälzt worden ist. Diese werden dadurch weniger stark mit Beiträgen und Steuern belastet und erhalten ein Stück Entscheidungs- und Handlungsfreiheit zurück. Insbesondere müssen sie nicht so viel in das für sie weiterhin kaum rentable gesetzliche Rentensystem einzahlen wie bei unveränderter Fortführung des geltenden Rechts.

6.2 Schnellerer Rückgang der Renditen

Den Entlastungen künftig geborener Jahrgänge stehen allerdings ab 2012 in einer längeren Übergangsphase Mehrbelastungen derjenigen Jahrgänge gegenüber, die gegenwärtig schon Rentenbeiträge entrichten oder demnächst damit beginnen. Insbesondere für die Jahrgänge 1960 bis 1980 überwiegen die Einbußen aus verkürzter Rentenbezugsdauer oder höheren Abschlägen die finanziellen Entlastungen durch niedrigere Beiträge und höhere Rentenwerte zum Teil deutlich. Dabei könnten in vielen Fällen nicht (nur) die Rentenbezugsdauer kürzer, sondern auch die monatlichen Rentenzahlungen niedriger ausfallen, als es nach geltendem Recht der Fall wäre.

Diese Einbußen schlagen sich in ihren Renditen nieder, die gegenüber der Fortschreibung des geltenden Rechts um bis zu 0,2 Prozentpunkte sinken werden. Der ohnehin vorgezeichnete Rückgang der Renditen beschleunigt sich dadurch zunächst noch. Bei später geborenen Jahrgängen verringern sich die Einbußen wieder, und langfristig folgen ihre Renditen der Entwicklung, die auch unter Beibehaltung der bisherigen Regelaltersgrenze zu erwarten wäre.

Die Gefahr, dass bei ungünstiger Lohn- und Beschäftigungsentwicklung die realen Renditen für jüngere Männer – und zwar die reinen Beitragsrenditen ohne Berücksichtigung des Bundeszuschusses! – negativ werden, verringert sich durch die geplante Anhebung des gesetzlichen Renteneintrittsalters nicht. Vielmehr kann dies nun sogar noch früher eintreten und schon die heute 40-Jährigen treffen und nicht mehr erst die heutigen Berufsanfänger. Das Dilemma der umlagefinanzierten gesetzlichen Rentenversicherung bleibt: Entweder sinken die Leistungen oder die Finanzierungslasten in

Form von Beiträgen oder Steuern steigen noch weiter. So oder so stehen sich nachfolgende Jahrgänge noch auf Jahrzehnte hinaus immer schlechter. Die Renditen der Übergangsjahrgänge werden tendenziell den bislang noch niedrigeren Renditen der diesen nachfolgenden Generationen angeglichen. Zwischen diesen Generationen ergibt sich insofern eine gerechtere Lastenverteilung. Dagegen vergrößert sich das Gefälle zwischen den Übergangsjahrgängen und älteren Jahrgängen. Letzteres kann gerade nicht damit gerechtfertigt werden, dass die Übergangsjahrgänge älter werden als bisherige Bestandsrentner. Vielmehr fallen ihre Renditen ja schon bei gleichem Renteneintrittsalter niedriger aus, obwohl sie aufgrund ihrer höheren Lebenserwartung im Schnitt länger Rente beziehen würden.

6.3 Anhebung des gesetzlichen Renteneintrittsalters kein Allheilmittel

Die finanziellen Entlastungswirkungen der „Rente ab 67" sind recht gering. Insbesondere wird es auch mit ihr nicht gelingen, den Beitragssatz dauerhaft auf höchstens 22 Prozent zu begrenzen und einen weiteren Anstieg des Bundeszuschusses zu vermeiden. Das liegt zum einen an der Wirkungsweise der Rentenformel: Gesetzliches Renteneintrittsalter und Rentenquotient (bzw. Nachhaltigkeitsfaktor) kompensieren sich zum Teil. Zum anderen reduzieren mögliche großzügige Ausnahmeregelungen und Ausweichreaktionen der Versicherten den Wirkungsgrad und damit den fiskalischen Erfolg. Hier agiert die Politik bislang widersprüchlich.

6.4 Politik und Tarifpartner weiter gefordert

Staat, Wirtschaft und Gesellschaft stehen in den kommenden Jahrzehnten vor komplexen Herausforderungen, die maßgeblich, aber keineswegs ausschließlich im demographischen Wandel begründet sind. Um sie zu bewältigen, sind auf vielen Feldern, namentlich in der Arbeitswelt, erhebliche Anpassungen von Wirtschaft und Gesellschaft erforderlich. Um das Gemeinwesen zukunftssicher und nachhaltig zu gestalten, muss die Politik ein schlüssiges Gesamtkonzept entwickeln, das die finanzielle Tragfähigkeit der öffentlichen Haushalte einschließlich der sozialen Sicherungssysteme dauerhaft gewährleistet. Einzelne Maßnahmen, wie die Anhebung des gesetzlichen Renteneintrittsalters, tragen nur sehr begrenzt zur Lösung der anstehenden Probleme bei. Stärker als weitere rentenpolitische Eingriffe entscheiden inzwischen die Weichenstellungen auf anderen Politikfeldern darüber, wie sich die öffentlichen Finanzen, aber auch der Lebensstandard der Beschäftigten und Rentner künftig entwickeln. Das gilt namentlich für die Beitragsentwicklung in der gesetzlichen Kranken- und Pflegeversicherung der Rentner. Sie könnte das verfügbare Einkommen der Rentner bis 2050 stärker mindern als ein zusätzlicher versicherungsmathematischer Abschlag für zwei Jahre oder, bei entsprechender Anhebung des KVdR-Zuschusses, die finanzielle Entlastung der Rentenversicherung durch die jetzt beschlossenen Schritte wieder zunichte machen.

Aber auch die geplante Anhebung des gesetzlichen Renteneintrittsalters selbst begründet weiteren Handlungsbedarf. Die Lasten müssen sowohl zwischen den Generationen als auch innerhalb der Kohorten gleichmäßig verteilt werden. Dies ist nach den bisherigen Planungen nicht gewährleistet. Besonders die geplante Ausnahmeregelung für Versicherte mit 45 Versicherungsjahren, aber auch großzügig gestaltete Ausweichmöglichkeiten auf Erwerbsminderungsrenten führen zu erheblichen Ungleichbehandlungen. Daneben werden heutige Bestandsrentner und rentennahe Beschäftigte gegenüber den Übergangsjahrgängen tendenziell begünstigt.

Vor allem aber hängen die Wirkungen der Reform davon ab, ob und in welchem Tempo sich die heute sehr geringen Beschäftigungschancen älterer Beschäftigter künftig verbessern. Um zu vermeiden, dass die schrittweise Anhebung der Regelaltersgrenze zu Rentenkürzungen führt, müsste die Zahl der (regulär) sozialversicherungspflichtig Beschäftigten ab 55 Jahren bis 2012 um mindestens eine Million, wahrscheinlich aber noch deutlich stärker steigen. Das übersteigt deutlich die von der Bundesregierung bislang angestrebte Größenordnung.[112] Und selbst deren Erreichen ist keineswegs sicher.

Bis 2029 müsste die Zahl älterer sozialversicherungspflichtig Beschäftigter sogar um bis zu fünf Millionen über dem heutigen Stand liegen. Dies setzt einen radikalen Wandel in der Einstellungspraxis der Unternehmen voraus. Selbst in einem günstigen gesamtwirtschaftlichen Umfeld lassen sich potentielle Arbeitskräftenachfrage und -angebot nur in Einklang bringen, wenn die Unternehmen einen großen Teil ihrer Belegschaften aus älteren Erwerbspersonen rekrutieren.

Die „Initiative 50plus" der Bundesregierung gibt teilweise richtige Impulse, auch wenn Subventionierungsstrategien, die in der Vergangenheit wenig wirksam waren, dabei bislang zu stark dominieren. So wird u.a. versucht, die dringend notwendige verstärkte Weiterbildung älterer Erwerbspersonen mit Hilfe von Bildungsgutscheinen zu fördern. Damit sich das Prinzip lebenslangen Lernens durchsetzt, bedarf es aber vor allem veränderter Sichtweisen bei Arbeitnehmern und Arbeitgebern. Beide müssen fortgesetzte Investitionen in Humankapital als für sie vorteilhaft erkennen.

Wichtig ist ferner, dass Politik und Tarifpartner sich von der bisher betriebenen Frühverrentungsstrategie verabschieden und sich darum bemühen, älteren Arbeitnehmern einen längeren Verbleib im Arbeitsprozess zu ermöglichen. Strukturen und Verhaltensweisen, die dem entgegenstehen,

112 Die Bundesregierung will die Erwerbstätigenquote der über 55-Jährigen bis 2012 von rund 46 auf über 50 Prozent steigern; vgl. BMAS (2006/3). Dies würde zusätzlich 800.000 Arbeitsplätze für Ältere erfordern; vgl. BMFSFJ (2006), S. 114. Allerdings sind darin entsprechend der seit 2005 verwendeten ILO-Abgrenzung auch viele, meist geringfügige Nichtnormarbeitsverhältnisse enthalten, die keine echte Möglichkeit bieten, den zusätzlichen Abschlägen auszuweichen.

sind zu korrigieren, besonders Regelungen, die – entgegen ihrer Intention – die Weiter- oder Wiederbeschäftigungschancen sogar mindern. Mit deren Abbau tun sich vor allem die Gewerkschaften bislang schwer.[113]

Aber auch Arbeitgeber müssen umdenken. Passen sie ihre Personalpolitik und die Organisation betrieblicher Abläufe nicht rechtzeitig den demographischen Veränderungen an, dürften nach 2010 Friktionen bei der Besetzung von Arbeitsplätzen zunehmen.

6.5 Notwendigkeit privater Altersvorsorge nimmt weiter zu

Um zu vermeiden, dass ihre Monatsrente wegen der Anhebung des gesetzlichen Renteneintrittsalters niedriger ausfällt als nach bisherigem Rechtsstand, müssten die Beschäftigten künftig länger arbeiten. Um wie viele Monate sie ihren Rentnereintritt verschieben müssten, hängt von den persönlichen Voraussetzungen, aber auch von den gesamtwirtschaftlichen und rechtlichen Rahmenbedingungen ab. Mit einem späteren Renteneintritt ist allerdings ein Verlust von Freizeit verbunden, der überwiegend als Wohlstandseinbuße bewertet werden dürfte. Darüber hinaus steht dieser Weg nur jenen offen, die tatsächlich auch länger arbeiten können. Wer daher im gleichen Alter wie bisher in Rente gehen will oder muss, kann Einkommenseinbußen und eine Minderung seines Lebensstandards im Alter nur vermeiden, wenn er die zusätzliche Versorgungslücke durch private Vorsorge ausgleicht.

Um welche Größenordnungen es dabei geht, verdeutlicht Tabelle 15 für ledige Männer und Frauen des Jahrgangs 1964. Diese erreichen das bisherige gesetzliche Renteneintrittsalter von 65 Jahren 2029, wenn die schrittweise Anhebung der Regelaltersgrenze gerade abgeschlossen ist. Tabelle 15 zeigt für die obere bzw. untere Lohn- und Beschäftigungsvariante, welches (nominale) Kapital je nach individuellem Renteneintrittsalter

113 Von untergeordneter Bedeutung ist (in Deutschland) das Senioritätsprinzip bei der Entlohnung; vgl. Eichhorst, Werner (2006).

und unterstelltem Rechnungszinssatz zum Zeitpunkt des Renteneintritts benötigt wird, um jeweils dieselbe monatliche Rentenhöhe (einschließlich Rentenanpassungen) zu gewährleisten wie bei Fortführung des Status quo.[114] Bei einem Renteneintritt mit 65 Jahren benötigen Männer demnach überschlägig zwischen 14.000 und 19.500 Euro, Frauen aufgrund ihrer höheren Lebenserwartung zwischen 16.500 und 23.000 Euro. Um diese Beträge ab 2010 anzusparen, wären bei jeweils gleichem Rechnungszins wie in der Rentenphase konstante monatliche Sparraten zwischen 40 und 70 Euro erforderlich. Für Versicherte mit höheren oder niedrigeren Rentenanwartschaften variieren die Beträge entsprechend.

Für viele Beschäftigte dürfte sich eine Mischstrategie anbieten, bei der sie künftig etwas länger arbeiten und gleichzeitig mehr privat vorsorgen. Auf diese Weise könnten sie die Minderung ihrer monatlichen Renten in der Rentenbezugsphase teilweise oder ganz vermeiden. Gleichzeitig böte die längere Erwerbsphase zusätzliche Sparmöglichkeiten. Insgesamt würde das angesparte private Vorsorgekapital in der etwas kürzeren Bezugsphase sogar einen höheren Lebensstandard ermöglichen. Dies setzt – abgesehen von entsprechenden gesamtwirtschaftlichen Rahmenbedingungen – allerdings auch voraus, dass die Beschäftigten verstärkt und nachhaltig in ihr Humankapital bzw. in ihre Beschäftigungsfähigkeit investieren und sich auch in fortgeschrittenem Alter beruflich fortbilden.

114 Die in Tabelle 15 ausgewiesenen Kapitalbeträge sind erwartete Barwerte, die die Erlebenswahrscheinlichkeiten des Jahrgangs 1964 in Rechnung stellen. Berücksichtigt sind jeweils auch die fiskalischen Wirkungen. Praktisch bedeutet das: Die Erhöhung (Senkung) der versicherungsmathematischen Abschläge (Zuschläge) muss nicht in vollem Umfang ausgeglichen werden, weil die betrachteten Modellrentner zum Teil auch von höheren Rentenwerten profitieren.

Tabelle 15:
Versorgungslücken lediger Männer und Frauen des Jahrgangs 1964 bei unverändertem Renteneintritt nach Anhebung des gesetzlichen Renteneintrittsalters

zusätzlich erforderliches Kapital[1] zum Zeitpunkt der ersten Rentenzahlung (Euro)

individuelles Renteneintrittsalter	Jahr des Renteneintritts	Rechnungszinssatz für Rentenphase (nominal)							
		3,5%		4,0%		4,5%		5,0%	
		M	F	M	F	M	F	M	F
obere Lohn- und Beschäftigungsvariante									
63	2027	19.700	23.400	18.700	22.100	17.900	21.000	17.100	19.900
64	2028	19.500	23.300	18.600	22.000	17.700	20.900	17.000	19.800
65	2029	19.300	23.100	18.400	21.900	17.600	20.800	16.800	19.800
66	2030	27.400	33.100	26.200	31.400	25.000	29.800	24.000	28.400
67	2031	35.600	43.200	34.100	41.100	32.600	39.100	31.300	37.200
untere Lohn- und Beschäftigungsvariante									
63	2027	16.500	19.500	15.700	18.500	15.000	17.500	14.400	16.600
64	2028	16.300	19.300	15.500	18.300	14.900	17.400	14.200	16.500
65	2029	16.000	19.100	15.300	18.100	14.700	17.200	14.100	16.400
66	2030	22.700	27.300	21.700	25.900	20.800	24.700	20.000	23.500
67	2031	29.500	35.600	28.200	33.800	27.000	32.200	26.000	30.700

Ledige westdeutsche Durchschnittsverdiener, mit 43-47 Entgeltpunkten entsprechend individuellem Renteneintrittsalter – individuelles und durchschnittliches tatsächliches Renteneintrittsalter unverändert

1 Barwert der zusätzlichen Rentenabschläge, jahresgenau berechnet

Quelle:
IWG BONN

7. Anhang: Berechnungsgrundlagen

Nachfolgend werden die wesentlichen Annahmen und Methoden erläutert, auf denen die Ergebnisse der vorliegenden Untersuchung basieren. Die Berechnungen wurden im August 2006 abgeschlossen und berücksichtigen den zu diesem Zeitpunkt verfügbaren Informationsstand. Sie sind das Ergebnis einer Kooperation.[115] Die Gesamtverantwortung liegt beim IWG BONN.

7.1 Annahmen der Rentenprojektion

Die vorliegende Untersuchung berücksichtigt eine Reihe unterschiedlicher Szenarien, die einen Korridor plausibler künftiger Entwicklungen beschreiben. Dieses Vorgehen erlaubt zugleich, den Einfluss einzelner Bestimmungsgrößen zu überprüfen. Tabelle 16 fasst die wichtigsten Annahmen der verschiedenen Szenarien zusammen. Sie bilden die Grundlage für die Rentenprojektion, die ihrerseits die für die Renditeberechnung benötigten Rechengrößen liefert.

Der Projektionszeitraum der vorliegenden Studie ist außerordentlich lang, da - ähnlich wie bei der Prämienkalkulation privater Kranken-, Pflege- oder Rentenversicherungen - die gesamte Lebensspanne der betrachteten Modelljahrgänge berücksichtigt werden muss. Es sei deshalb ausdrücklich betont, dass es sich bei den hier vorgelegten Projektionen nicht um Prognosen handelt, wie sie zum Beispiel die Konjunkturforschung liefert, sondern um Modellrechnungen, die aufzeigen, welche Wirkungen eine bestimmte Politik unter unterschiedlichen Annahmen langfristig entfalten würde. Dabei werden auch künftige Kohorten bis zum Jahrgang 2040 in die Analyse einbezogen. Denn heutige Eingriffe in das Rentensystem haben auch für diese Jahrgänge erhebliche Folgen.

115 Bevölkerungsvorausberechnung, makroökonomische Abstimmung der Annahmen und Berechnung der Renditen lagen in der Verantwortung von Adrian Ottnad. Reinhold Schnabel erstellte mit einem von ihm entwickelten Simulationsmodell Rentenprojektionen für vom IWG BONN vorgegebene Szenarien.

Tabelle 16:
Demographische und gesamtwirtschaftliche Annahmen des IWG BONN

Demographie		Bevölkerungsvorausberechnung IWG BONN (BVB2006C2)	
Einwohner, jahresdurchschnittliche Veränderung in Prozent	2005-2025	0,0	
	2025-2050	-0,3	
Wachstum und Löhne		Lohnvariante	
		obere	untere
Bruttoinlandsprodukt pro Kopf, real, jahresdurchschnittliche Veränderung in Prozent	2005-2025	1,4 bis 1,5	0,8 bis 0,9
	2025-2050	0,9	0,6
Bruttoinlandsprodukt nominal, jahresdurchschnittliche Veränderung in Prozent	2005-2025	2,9 bis 3,0	2,3 bis 2,4
	2025-2050	2,1	1,7
Preisniveau (Lebenshaltungskosten), jahresdurchschnittliche Veränderung in Prozent	2005-2025	1,5	
	2025-2050	1,5	
Bruttolohn je Arbeitnehmer, nominal, jahresdurchschnittliche Veränderung in Prozent	2005-2025	2,8	2,2 bis 2,3
	2025-2050	2,5	2,0 bis 2,1
beitragspflichtiges Durchschnittsentgelt, nominal, jahresdurchschnittliche Veränderung in Prozent	2005-2025	2,7	2,0 bis 2,2
	2025-2050	2,5	2,1
Arbeitsmarkt		Beschäftigungsvariante	
		obere	untere
Erwerbspersonen, jahresdurchschnittliche Veränderung in Prozent	2005-2025	-0,2 bis -0,1	-0,3 bis -0,2
	2025-2050	-0,5 bis -0,4	-0,6
Erwerbstätige, jahresdurchschnittliche Veränderung in Prozent	2005-2025	-0,1 bis 0,1	-0,2 bis -0,1
	2025-2050	-0,3	-0,4
Sozialversicherungspflichtig Beschäftigte, jahresdurchschnittliche Veränderung in Prozent	2005-2025	-0,4 bis -0,3	-0,5 bis -0,4
	2025-2050	-0,4 bis -0,3	-0,5 bis -0,4
Erwerbslosenquote, in Prozent aller Erwerbspersonen	2005	9,7	
	2025	7,3	
	2050	4,5	

Quelle:
IWG BONN

7.1.1 Demographische Annahmen

Die Rentenprojektion basiert auf einer aktualisierten Bevölkerungsvorausberechnung des IWG BONN.[116] Die bereits in früheren Berechnungen verwendeten Kohortensterbetafeln für die Geburtsjahrgänge ab 2005 wurde beibehalten.[117] Danach steigt die (kohortenbezogene) Lebenserwartung Neugeborener bis 2050 bei Männern um rund vier, bei Frauen um knapp drei Jahre. Die angenommene jährliche Nettozuwanderung beträgt langfristig 200.000. Gegenüber früheren Vorausberechnungen wurde berücksichtigt, dass die Nettozuwanderung in den vergangenen Jahren deutlich zurückgegangen ist. Gegenwärtig liegt sie eher bei 100.000 pro Jahr. Es wird jedoch unterstellt, dass diese Zahl wieder steigt. Sollte dies nicht zutreffen, würde sich die Alterslastquote deutlich ungünstiger als hier angenommen entwickeln. Ferner ist unterstellt, dass die durchschnittliche Geburtenzahl je Frau auf ihrem derzeitigen Niveau von knapp 1,4 Kindern verharrt. Andere Entwicklungen sind möglich, aber weniger wahrscheinlich.[118]

Der Anstieg der Lebenserwartung führt zu einem langfristigen Anstieg des Rentnerquotienten, der sich auch noch nach 2050 fortsetzt. Die vorliegenden Berechnungen berücksichtigen dies.[119]

7.1.2 Gesamtwirtschaftliche Annahmen

Um die Zahl der Rechenvarianten überschaubar zu halten, beschränken sich die Berechnungen auf das vorstehend erläuterte demographische Szenario. Berücksichtigt sind jedoch die Wirkungen unterschiedlicher Lohn- und Beschäftigungsentwicklungen. Hierzu werden jeweils eine obere und eine untere Variante betrachtet und miteinander kombiniert. Damit wird ein Korridor möglicher Entwicklungen abgebildet, der es erlaubt, den Einfluss

116 Variante BVB2006C2.

117 Vgl. dazu Ottnad, Adrian/Wahl, Stefanie (2005) m.w.V. Grundlage sind die Schätzungen von Bomsdorf, Eckart (2003).

118 Zu alternativen Verläufen und deren Effekten vgl. Ottnad, Adrian (2006), S. 72ff.

119 Vgl. Ottnad, Adrian/Wahl, Stefanie (2005), S. 54.

unterschiedlicher gesamtwirtschaftlicher Konstellationen zu analysieren. Die Wahl der Varianten orientiert sich an Szenarien, die bereits in anderen Untersuchungen des IWG BONN verwendet worden sind.[120] Ergänzend wird der Einfluss einzelner Annahmen anhand weiterer Variationsrechnungen überprüft.

Die obere Variante der Lohnentwicklung unterstellt die Überwindung der Wachstumsschwäche der vergangenen Jahre und ein Wirtschaftswachstum oberhalb des bisherigen gesamtdeutschen Trends.[121] Die untere Lohnvariante schreibt dagegen den bisherigen Wachstumstrend fort. Eine ungünstigere Entwicklung bei der sich die stagnative Entwicklung der vergangenen Jahre verfestigt, kann angesichts zahlreicher Risiken und vieler noch unbewältigter Reformaufgaben nicht ausgeschlossen werden. Sie wird aber in den vorliegenden Berechnungen nicht eigens berücksichtigt, um die Zahl der Rechenvarianten in Grenzen zu halten.[122] Wenig wahrscheinlich ist, dass der obere Wachstumspfad merklich übertroffen wird. Gleichwohl berücksichtigen die vorliegenden Rechnungen die Möglichkeit, dass es unter günstigen Voraussetzungen zu einer Erhöhung des tatsächlichen Renteneintrittsalters bei unveränderter Entwicklung der Lohnsätze kommt. Dies setzt zugleich einen positiven Wachstumsimpuls voraus.

120 Vgl. insbesondere Ottnad, Adrian (2006), S. 104ff. mit ausführlicher Diskussion der Annahmen.

121 Die angenommene Entwicklung übersteigt langfristig den unter Berücksichtigung des Strukturbruchs von 1990 ermittelten gesamtdeutschen Trend (Stützzeitraum 1950 bis 2005). Beim Vergleich mit früheren Veröffentlichungen ist zu beachten, dass konzeptionelle Veränderungen der volkswirtschaftlichen Gesamtrechnung seit 2005 das reale Bruttoinlandsprodukt, aber auch die Wachstumsrate rechnerisch erhöht haben. Dies ist vor allem veränderten Verfahren der Preisbereinigung (Hedonistik, Vorjahrespreisbasis) zuzuschreiben. Für die Lohnannahmen hat dies jedoch keine unmittelbare Bedeutung.

121 Eine solche dritte Variante ist in Ottnad, Adrian/Wahl, Stefanie (2005) berücksichtigt. Die beiden hier zugrunde gelegten Varianten entsprechen dort im Wesentlichen der oberen und der mittleren Variante.

Die beiden Beschäftigungsvarianten unterscheiden sich in der Entwicklung der Erwerbsbeteiligung. Die obere geht von einer deutlichen Zunahme der Erwerbsbeteiligung älterer, insbesondere weiblicher Erwerbsfähiger aus. Die Zahl der Erwerbspersonen und der Erwerbstätigen sinkt hier bis 2050 langsamer als die der Erwerbsfähigen. In der unteren Beschäftigungsvariante steigt die Erwerbsbeteiligung dagegen deutlich langsamer. Die Zahl der Erwerbspersonen verringert sich daher bis 2050 ähnlich wie die der Erwerbsfähigen. Etwas schwächer fällt der Rückgang der Erwerbstätigenzahl aus, weil auch hier langfristig die Erwerbslosenquote sinkt.[123] Die Zahl der sozialversicherungspflichtig Beschäftigten sinkt nach den getroffenen Annahmen bis 2025 stärker als die der Erwerbstätigen. Dies entspricht der bereits seit Jahren zu beobachtenden Tendenz. Allerdings wird unterstellt, dass sich der Abbau sozialversicherungspflichtiger Beschäftigungsverhältnisse nicht in gleicher Weise fortsetzt wie in den vergangenen drei Jahren. Ferner ist für die sozialversicherungspflichtig Beschäftigten bis 2025 eine etwas geringere Lohnsteigerung als im gesamtwirtschaftlichen Durchschnitt unterstellt.

Langfristig ist zu erwarten, dass höhere Lohnzuwachsraten, höhere Erwerbsbeteiligung und höhere Beschäftigtenzahlen einhergehen mit höherem Wirtschaftswachstum und umgekehrt. Allerdings kann eine bestimmte Wirtschaftsleistung auf unterschiedliche Weise erzeugt werden. So können höhere Lohnsteigerungen langfristig auch dazu führen, dass weniger Arbeit eingesetzt wird. Daher werden auch die Kombinationen der oberen (unteren) Lohnvariante mit der unteren (oberen) Beschäftigungsvariante in die Betrachtung einbezogen, um die unterschiedlichen Wirkungen für die Rentenversicherung zu beleuchten. Zusätzliche Rechenvarianten berücksichtigen – beschränkt auf die untere Lohn- und Beschäftigungsentwicklung – den Einfluss des Wirkungsgrades der geplanten Reform und

123 Die Erwerbslosenquote entwickelt sich in beiden Szenarien einheitlich. Zu alternativen Szenarien mit langfristig unterschiedlich hohen Erwerbslosenquoten vgl. Ottnad, Adrian (2006).

die Folgen einer gegenläufigen Lohnreaktion bei späterem Renteneintritt. Letztere wurde so gewählt, dass sich Beschäftigungs- und Lohneffekt auf die Lohnsumme kompensieren.

Da die Anhebung des gesetzlichen Renteneintrittsalters je nach tatsächlichem Renteneintrittsverhalten unterschiedliche Wirkungen entfaltet, werden für jede Beschäftigungsvariante zwei alternative Untervarianten betrachtet. In der ersten ändert sich das Renteneintrittsverhalten trotz Anhebung der Regelaltersgrenze nicht. In der zweiten erhöht sich dagegen auch das durchschnittliche tatsächliche Renteneintrittsalter (zusätzlich zum ohnehin zu erwartenden Anstieg). Angenommen ist dabei eine (zusätzliche) Erhöhung um rund ein Jahr für die sonst von höheren Abschlägen betroffenen Rentenzugänge. Bezogen auf die Gesamtheit aller Rentenzugänge beträgt die angenommene Erhöhung je nach Wirkungsgrad zwischen fünf und zehn Monaten.

Die wirtschaftlichen Verhältnisse im Beitrittsgebiet werden sich künftig weiter denen im alten Bundesgebiet annähern. Ob und bis wann es dabei zu einer vollständigen Nivellierung der bestehenden Unterschiede kommt, ist – auch mit Blick auf nach wie vor bestehende Unterschiede zwischen den westdeutschen Ländern – ungewiss. Die vorliegenden Berechnungen unterstellen, dass die Lohnangleichung bis 2050 abgeschlossen ist. Dies zieht eine entsprechende Angleichung der Rentenwerte nach sich.

7.1.3 Rentenrechtliche Annahmen

Die Berechnungen gehen vom gegenwärtigen Rechtsstand aus und berücksichtigen bereits in Kraft getretene, beschlossene oder geplante Änderungen.[124] Allerdings waren in einigen Punkten ergänzende bzw. abweichende Annahmen erforderlich. Bei Abschluss der Berechnungen stand die künftige Ausgestaltung der gesetzlichen Altersgrenzen für die unterschiedlichen

124 Dazu gehört u.a. auch die Vorverlegung des monatlichen Zahlungszeitpunkts für die Rentenbeiträge ab 2006.

Arten der Versicherungsrenten noch nicht fest.[125] Die Berechnung gehen daher von einer einheitlichen Anhebung der Regelaltersgrenze für alle Altersrentner (mit Ausnahme von Schwerbehinderten) aus. Da die geplante Ausnahme für Versicherte mit mindestens 45 Versicherungsjahren verfassungsrechtlich bedenklich und den Reformzielen in hohem Maß abträglich ist, unterstellen die Berechnungen prinzipiell, dass diese nicht verwirklicht wird. Welche fiskalischen Wirkungen sie tendenziell hätte, wird durch Variation des Wirkungsgrades überprüft.

Für die Erwerbsminderungsrenten wird – auch mit Blick auf die rechtlichen Unsicherheiten – unterstellt, dass sich bis zum 60. Lebensjahr für die Versicherten nichts an den bisherigen Bedingungen bzw. dem bisherigen Renteneintrittsverhalten ändert und dass auch bei einem Renteneintritt ab dem 60. Lebensjahr keine erhöhten Abschläge fällig werden. In allen Fällen wird davon ausgegangen, dass die bisherigen versicherungsmathematischen Ab- bzw. Zuschläge (je Monat Abweichung des tatsächlichen vom gesetzlichen Renteneintrittsalter) unverändert weiter gelten.

Die Berechnungen konzentrieren sich auf die geplanten Änderungen bei der Regelaltersgrenze und gehen im Übrigen weitgehend vom geltenden Rentenrecht aus. Sie berücksichtigen nicht eine mögliche Anhebung des Mindestzugangsalters zur Altersrente für langjährig Versicherte auf 64 bzw. 65 Jahre. Sollte es dazu kommen – bislang ist dies vorgesehen –, wäre ein unverändertes Renteneintrittsverhalten von vornherein ausgeschlossen.

Ferner wird die geltende Rentenformel unverändert angewandt. Das führt dazu, dass die finanzielle Entlastung der Beitragszahler und des Bundes durch höhere Rentenanpassungen abgeschwächt wird. Nicht betrachtet

125 Die am 23. Oktober 2006 konkretisierte Ausgestaltung (vgl. BMAS (2006/4)) weicht von den hier getroffenen Annahmen nur geringfügig ab und mindern die Aussagekraft der Ergebnisse nicht.

wird die Möglichkeit, dass der Gesetzgeber durch weitere Eingriffe (z.B. eine Änderung des Parameters α[126] im Nachhaltigkeitsfaktor) eine andere Verteilung der Wirkungen herbeiführt. Dann würden sich die Renten möglicherweise auf einem deutlich niedrigeren Niveau einpendeln.

Aus Gründen der Vergleichbarkeit wird die geplante Nachholung der durch die Schutzklausel verhinderten Senkung des Rentenniveaus in der vorliegenden Rentenprojektion wie im Rentenversicherungsbericht 2005 durch eine Verringerung der Rentenanpassungen von 2012 bis 2016 um jeweils 0,4 Prozent berücksichtigt.[127]

Auch für die künftige Gestaltung des Bundeszuschusses sind zusätzliche Annahmen erforderlich. Die derzeitigen gesetzlichen und politischen Vorgaben sind inkonsistent. Einerseits sind die gesetzlichen Beitrags- und Rentenniveauziele (und evtl. auch verfassungsrechtliche Anforderungen) nur mit einem weiter steigenden Bundeszuschuss einzuhalten. Andererseits strebt die Bundesregierung eine Begrenzung des Bundeszuschusses an. Die vorliegenden Berechnungen unterstellen im Gegensatz zu dieser politischen Zielvorgabe und zur geltenden Rechtslage, dass der heutige Anteil der Steuerfinanzierung an den Gesamtausgaben der gesetzlichen Rentenversicherung von einem Drittel konstant bleibt.[128] Von diesen Steuermitteln entfallen gegenwärtig rund 30 Prozent auf Beitragszahlungen (vor allem für Kindererziehungszeiten) und zweckgebundene Zuwendungen, 70 Prozent auf die Bundeszuschüsse, die damit gegenwärtig etwa 23 Prozent

126 Dieser beträgt derzeit 25 Prozent.

127 Vgl. Bundesregierung, Rentenversicherungsbericht 2005, S. 10. Die erst nach Abschluss der Berechnung konkretisierte „modifizierte Schutzklausel" sieht ein anderes, regelgebundenes Verfahren vor, das unter den getroffenen Annahmen jedoch zu quantitativ ähnlichen Ergebnissen führt.

128 2008 wird zusätzlich noch die geplante einmalige Sonderzahlung des Bundes berücksichtigt. – Die geltende Rechtslage sieht eine Änderung des Bundeszuschusses entsprechend der jeweiligen Beitragssatzanpassung vor.

der Gesamtausgaben decken. Langfristig entfallen die zweckgebundenen Zuwendungen weitgehend. Auch der Anteil der Beitragszahlungen sinkt etwas. Die Festschreibung des heutigen Steuerfinanzierungsanteils von einem Drittel impliziert daher, dass der Finanzierungsanteil der Bundeszuschüsse langfristig steigt.

7.1.4 Sonstige Annahmen

Die Finanzentwicklung in der gesetzlichen Rentenversicherung ist mit der anderer Sozialversicherungszweige verflochten. Diese Wechselbeziehung ließe sich nur in einem Totalmodell erfassen, das zum Beispiel auch den Effekt geringerer Rentenzahlungen auf die Einnahmen der Kranken- und Pflegeversicherung der Rentner erfasst. Diese Rückwirkungen werden in den vorliegenden Berechnungen ausgeblendet. Sie unterstellen, dass sich die Beitragssätze für die gesetzliche Kranken- und Pflegeversicherung ab 2006 nicht ändern. Tatsächlich ist davon nicht auszugehen. Würde das bestehende System der gesetzlichen Kranken- und Pflegeversicherungen unverändert fortgeführt, müsste bis 2050 mit einem Gesamtbeitragssatz für Kranken- und Pflegeversicherung zwischen 22 und 31 Prozent gerechnet werden. Nach geltender Rechtslage müsste dann auch der KVdR-Zuschuss entsprechend erhöht werden. Dazu dürfte es jedoch nicht kommen. Eine solche Entwicklung wäre finanziell nicht durchzuhalten. Beitragslasten in dieser Größenordnung (und erst recht in Verbindung mit weiteren Abgabensteigerungen) wären nicht durchsetzbar bzw. wirtschaftlich nicht zu verkraften. Darüber hinaus lässt sich – unabhängig von der künftigen Ausgestaltung der Finanzierung des Gesundheitswesens – der Arbeitgeberanteil am Kranken- und Pflegeversicherungsbeitrag nicht weiter erhöhen.[129] Daher erscheint es plausibel, von einem konstanten Satz für den KVdR-Zuschuss auszugehen.

129 Mit der Aufhebung der paritätischen Finanzierung in der gesetzlichen Krankenversicherung hat die Politik 2003 bereits erste Schritte unternommen, den Arbeitgeberbeitrag zu begrenzen. Zudem wurde der Zuschuss zur Pflegeversicherung für Rentner zur Stabilisierung des Rentenbeitrags 2004 ganz gestrichen.

Die sich aus dem langfristig zu erwartenden Rückgang der Arbeitslosenquote ergebenden Wirkungen auf die Beitragseinnahmen der gesetzlichen Rentenversicherung sind in den Berechnungen berücksichtigt. Insgesamt verbessert sich dabei die Einnahmesituation vor allem insoweit, als der Anteil der Arbeitslosengeld II-Empfänger abnimmt, da für diese nur geringe Pauschalbeiträge gezahlt werden. Dagegen sind die Mehreinnahmen im Fall eines Arbeitslosengeld I-Empfängers, der in eine sozialversicherungspflichtige Beschäftigung wechselt, deutlich geringer.

7.2 Renditeberechnung

Die Vorgehensweise des IWG BONN bei der Renditeberechnung wurden bereits bei anderer Gelegenheit ausführlich dargestellt und mit der anderer Institutionen verglichen.[130] Die nachfolgenden Hinweise fassen daher lediglich die wichtigsten Punkte zusammen.

7.2.1 Betrachtete Modellfälle

Die Renditeberechnungen beschränken sich aus Gründen der Vergleichbarkeit wiederum auf einige Modellfälle lediger, kinderloser Versicherter, die ausschließlich Arbeitseinkommen bzw. Renten beziehen. Im Mittelpunkt stehen dabei männliche und weibliche westdeutsche Standardrentner. Langfristig entsprechen diese auch den gesamtdeutschen Standardrentnern. Auf die Einbeziehung verheirateter männlicher Standardrentner wird verzichtet. Aus anderen Untersuchungen ist bekannt, dass deren Renditen denen lediger weiblicher Standardrentner ähneln.

Der Standardrentner entsprach bislang einem Durchschnittsverdiener, der 45 Jahre ununterbrochen Beiträge zahlt und mit Erreichen der Regelaltersgrenze von 65 Jahren abschlagsfrei in Rente geht. Da die vorliegenden Berechnungen die geplante Ausnahme für Versicherte mit 45 Versiche-

130 Vgl. Ottnad, Adrian/Wahl, Stefanie (2005), S. 61ff.

rungsjahren im Regelfall nicht unterstellen, erfordert die Anhebung der Regelaltersgrenze auf 67 Jahren eine Modifikation dieses Modellrentners. Diese orientiert sich am jeweils unterstellten durchschnittlichen Renteneintrittsverhalten. Bei insgesamt unverändertem Renteneintrittsverhalten wird für den bisherigen Standardrentner ebenfalls ein unveränderter, nun allerdings nicht mehr abschlagsfreier Renteneintritt mit 65 Jahren angenommen. Anderenfalls bezieht der modifizierte Standardrentner jeweils ab Vollendung des gesetzlichen Renteneintrittsalters eine abschlagsfreie Regelaltersrente, wobei seine Anwartschaft auf 47 Entgeltpunkte steigt. Ergänzend werden Modellfälle betrachtet, die das Erwerbseintrittsalter, das Renteneintrittsalter und die Höhe des beitragspflichtigen Arbeitsentgelts variieren.

7.2.2 Grundlagen und Methode der Renditeberechnung

Die Renditeberechnungen des IWG BONN stützen sich für zurückliegende Jahre auf historische Zeitreihen amtlicher Quellen (Statistisches Bundesamt, Bundesregierung, gesetzliche Rentenversicherungsträger). Die Rechengrößen für künftige Jahre entstammen der vorliegenden Rentenprojektion für das jeweilige Lohn- und Beschäftigungsszenario. Die in die Renditeberechnung eingehenden Erlebenswahrscheinlichkeiten entstammen für künftige Jahre den Kohortensterbetafeln der Bevölkerungsprojektion des IWG BONN. Für ältere Geburtsjahrgänge wurde auf die Kohortensterbetafeln des Statistischen Bundesamtes zurückgegriffen.[131]

In die (nominale) Renditeberechnung gehen die gezahlten Beiträge und die erhaltenen Altersrentenzahlungen einschließlich des Zuschusses der Rentenversicherung zu den Kranken- und Pflegeversicherungsbeiträgen der Rentner ein. Sie werden entsprechend versicherungsmathematischer Vorgehensweise mit den jeweiligen Erlebenswahrscheinlichkeiten des Geburtsjahrganges gewichtet. Aus Gründen der Vereinfachung und wegen

131 Vgl. StBA (2006). Diese nach ähnlichem Verfahren wie bei Bomsdorf ermittelten historischen Reihen enthalten jeweils eine niedrigere und eine höhere Variante, die die Kriegsjahre unterschiedlich behandeln. Zur Anpassung an die Schätzungen von Bomsdorf wurde daraus jeweils eine mittlere Variante gebildet.

unzureichender statistischer Grundlagen werden andere beitragsfinanzierte Leistungen wie die Absicherung des Erwerbsminderungsrisikos und Rehabilitationsleistungen dadurch berücksichtigt, dass von den Beitragszahlungen nur 80 Prozent in die Renditeberechnung einfließen.[132]

Zusätzlich zu den nominalen Renditen berechnet das IWG BONN unter Verwendung des Preisindex der Lebenshaltungskosten auch reale Renditen. Eine Bewertung künftiger Leistungen der Alterssicherung, die allein an nominalen Größen anknüpft, würde der Geldillusion unterliegen und damit keine geeignete Grundlage für rationale Vorsorgeentscheidungen bieten. Dies gilt für jede Art der Altersvorsorge.[133]

7.2.3 Schrittweise Berücksichtigung des Bundeszuschusses

Ein zunehmender Steuerfinanzierungsanteil an den Rentenausgaben erhöht rechnerisch die Beitragsrenditen, weil die Steuerzahler die Beitragszahler bzw. Rentner subventionieren. Allerdings tragen die Versicherten in der Rentenversicherung als Steuerzahler letztlich auch einen großen Teil der Kosten dieser Subvention. Die Beitragsrendite überzeichnet die Rentabilität. Gerade für den intergenerativen Vergleich ist es deshalb wichtig, auch den entsprechenden Steuerbeitrag der Versicherten zu berücksichtigen.

Bei der Einrechnung ist allerdings nur der Teil der Steuerzahlungen zu berücksichtigen, der der Finanzierung beitragsbezogener Leistungen dient. Da die beitragsfremden Leistungen unterschiedlich abgegrenzt werden und diese Abgrenzung teilweise umstritten ist, bezieht das IWG BONN den Bundeszuschuss erst ab 2020 schrittweise ein, obwohl davon ausgegangen

132 Entsprechend wird mit den Steuerzahlungen bei Berücksichtigung des Bundeszuschusses verfahren.

133 Der gegen die Ausweisung realer Renditen gesetzlicher Renten gelegentlich vorgetragene Einwand, dies sei auch bei Produkten der privaten Altersvorsorge nicht üblich, geht deshalb ins Leere. Im Verbraucherinteresse läge dann vielmehr die Forderung nahe, auch bei den übrigen Vorsorgeformen reale Renditen auszuweisen.

werden kann, dass bereits ab 2010 die in der Projektion unterstellte Steuerfinanzierung die beitragsfremden Leistungen übersteigt. Aus Vorsichtsgründen wird der zur Finanzierung beitragsbezogener Leistungen dienende Teil der Steuermittel sogar 2050 erst zu drei Achteln eingerechnet.[134]

Zur Ermittlung der anteilig für Renten bezahlten direkten und indirekten Steuern werden die steuerlichen Verhältnisse von 2005 zugrunde gelegt und unter Berücksichtigung bereits beschlossener oder absehbarer Änderungen (wie der Anhebung der Mehrwertsteuer und der Reichensteuer ab 2007) fortgeschrieben. Die Berechnungen der direkten Steuerlasten unterstellen die üblichen pauschalierten Abzüge des Steuerrechts.[135] Dabei sind die Wirkungen des Übergangs zur nachgelagerten Besteuerung gemäß Alterseinkünftegesetz jeweils berücksichtigt.

Die Abschätzung der anteiligen indirekten Steuern basiert auf typisierenden Verbrauchsannahmen, die sich auf die Einkommens- und Verbrauchsstichprobe und andere empirische Daten stützen. Für die Zukunft werden die 2007 geltenden Steuertarife fortgeschrieben. Dabei ist unterstellt, dass der Einkommensteuertarif 2007 hinsichtlich der Freibeträge und Einkommensgrenzen langfristig jeweils der Nominallohnentwicklung angepasst wird, so dass eine „kalte Progression“ vermieden wird. Dagegen schlagen sich künftige Änderungen der für die Rentenfinanzierung erforderlichen gesamtwirtschaftlichen Steuerquote in den individuellen Steuerquoten nieder. Von möglichen Änderungen in der Steuerstruktur – z.B. einer Verlagerung von den direkten zu den indirekten Steuern – wird dabei abgesehen. Die hiermit verbundenen Belastungseffekte würden je nach Haushaltstyp und Einkommensniveau variieren.

134 Der Teil der Steuermittel, der anderen Zwecken dient bzw. Beiträge (insbesondere für Kindererziehungszeiten) umfasst, ist dabei jeweils schon herausgerechnet.

135 Bei den betrachteten Modellfällen fallen nur Einkünfte aus unselbständiger Arbeit bzw. Leibrenten an.

7.2.4 Vergleichbarkeit der vorliegenden Ergebnisse mit anderen Untersuchungen

Die vorliegenden Renditeberechnungen entsprechen methodisch denen der Vorgängerstudie[136] und bestätigen (für den Status-quo-Verlauf) im Wesentlichen deren Ergebnis. Gewisse Abweichungen ergeben sich aus der Aktualisierung der Datenbasis und der Berücksichtigung zwischenzeitlich erfolgter rentenpolitischer Eingriffe bzw. der deutlich nach unten korrigierten amtlichen Planungswerte. Insgesamt fallen deshalb die ermittelten Renditen hier noch etwas niedriger aus.[137]

Die hier vorgelegten Renditeberechnungen lassen sich problemlos auch mit zwischenzeitlich veröffentlichten Berechnungen anderer Institutionen vergleichen, die sich allerdings in der Regel darauf beschränken, nominale Beitragsrenditen ohne Berücksichtigung des Bundeszuschusses auszuweisen.[138] Soweit sich die Ergebnisse hier unterscheiden, ist dies in erster Linie anders gewählten Annahmen zur künftigen Lohn- und Beschäftigungsentwicklung geschuldet. Dies trifft namentlich auf die von der gesetzlichen Rentenversicherung selbst vorgelegten Renditeberechnungen zu, die – anknüpfend an die mittlere Variante der Langfristprojektion im Rentenversicherungsbericht der Bundesregierung – die beitragspflichtige Lohnsumme langfristig immer noch mit einer vergleichsweise hohen Steigerungsrate fortschreiben. Dies erscheint umso mehr begründungsbedürftig, als die amtlichen Annahmen für die nähere Zukunft deutlich nach unten korrigiert worden sind.

136 Ottnad, Adrian/Wahl Stefanie (2005).

137 Zusätzliche Abweichungen bei den Renditen älterer Jahrgänge resultieren aus der Verwendung der inzwischen veröffentlichten neuen Kohortensterbetafeln des Statistischen Bundesamtes.

138 Zu Einzelheiten vgl. Ottnad, Adrian/Wahl Stefanie (2005).

Gleichwohl nähern sich die von der gesetzlichen Rentenversicherung veröffentlichten Renditen der vom IWG BONN projektierten Entwicklung erkennbar an. So wurden zum Beispiel für ledige Standardrentner, die 2040 in Rente gehen, 2004 noch nominale Beitragsrenditen von 3,7 (Frauen) bzw. 3,2 Prozent (Männer) ausgewiesen.[139] Nach Revision der Schätzgrundlagen im März 2006 und unter Berücksichtigung der geplanten Anhebung des gesetzlichen Renteneintrittsalters wurden diese Werte inzwischen auf 3,4 bzw. 2,8 Prozent zurückgenommen.[140]

Die von der Stiftung Warentest im Frühjahr 2006 ermittelten nominalen Beitragsrenditen, die ebenfalls die Anhebung des gesetzlichen Renteneintrittsalters berücksichtigen, bewegen sich für die von ihr ausgewiesenen Jahrgänge am untersten Rand der vom IWG BONN 2005 errechneten Werte wie auch der Ergebnisse der vorliegenden Studie.[141] Im Unterschied zum IWG BONN und zum Deutschen Rentenversicherung Bund greift die Stiftung Warentest allerdings nicht auf eine Rentenprojektion zurück, sondern auf freihändig gesetzte Annahmen, so dass die makroökonomische und rentenrechtliche Konsistenz ihrer Berechnungen nicht gesichert ist.

139 Vgl. Ohsmann, Sabine/Stolz, Ulrich (2004), S. 56.

140 Vgl. Thiede, Reinhold (2006). Die niedrigeren Renditen beziehen sich wegen des höheren Renteneintrittsalters auf 1973 geborene, die früheren Werte auf 1975 geborene Modellrentner.

141 Vgl. Stiftung Warentest (2006); sowie IWG BONN (2006).

Aktueller Rentenwert (AR)

Betrag, der einer monatlichen Rente aus Beiträgen eines Durchschnittsverdieners für ein Jahr entspricht (2006 W 26,13 Euro, O 22,97 Euro), d.h. Gegenwert eines → Entgeltpunktes.

Allgemeine Rentenversicherung

Arbeiter- und Angestelltenrentenversicherung – seit 2005 organisatorisch in der Deutschen Rentenversicherung Bund (DRV) zusammengefasst.

Altersrente für Frauen

Rente wegen Alters, die Frauen unter bestimmten Voraussetzungen bislang abschlagsfrei ab Vollendung des 60. Lebensjahres beziehen konnten. Regelung läuft 2012 nach schrittweiser Anhebung der Altersgrenze auf 65 Jahre aus.

Altersrente für langjährige Versicherte

Rente wegen Alters, die Versicherte mit erfüllter Wartezeit von 35 Jahren (berücksichtigt werden sämtliche rentenrechtliche Zeiten) ab Vollendung des 63. Lebensjahres unter Inkaufnahme → versicherungsmathematischer Abschläge (bis 1996 abschlagsfrei) beziehen können.

Altersrente für schwerbehinderte Menschen

Rente wegen Alters, die anspruchsberechtigte schwerbehinderte Menschen beziehen können. Kann künftig ab vollendetem 63. Lebensjahr (bis 2001 ab 60.Lebensjahr) abschlagsfrei bezogen werden.

Altersrente wegen Arbeitslosigkeit und nach Altersteilzeitarbeit

Rente wegen Alters für ältere Arbeitnehmer in Teilzeitarbeit und für ältere Langzeitarbeitslose. Läuft 2012 nach schrittweiser Anhebung der Altersgrenzen aus. Altersgrenze für früheste Inanspruchnahme mit Abschlag liegt seit 1.1. 2006 bei 63. Jahren.

Altersrenten

Rente wegen Alters. Neben der Regelaltersrente gibt es u.a. → Altersrente für Frauen, → Altersrente für langjährige Versicherte, → Altersrente für schwerbehinderte Menschen, → Altersrente wegen Arbeitslosigkeit und nach Altersteilzeitarbeit.

Äquivalenzbeitragszahler

Summe der Pflichtbeiträge und der Beiträge für Arbeitslosengeld geteilt durch den Durchschnittsbeitrag. Nenner des → Rentnerquotienten.

Äquivalenzrentner

Rentenausgaben geteilt durch → Standardrente (normiert auf 45 → Entgeltpunkte) – Zähler des → Rentnerquotienten.

Barwert (Kapitalwert)

Auf einen bestimmten Zeitpunkt mit einem gegebenen → Rechnungszinssatz ab- oder aufgezinster Geldbetrag (z.B. Beitrags- oder Rentenzahlung)

Beitragsbemessungsgrenze

Jährlich festgesetzte Einkommensgrenze, bis zu der Pflichtbeiträge vom Bruttolohn und -gehalt zu zahlen sind (2006: monatlich W 5.200 Euro, O 4.400 Euro).

Beitragsfremde Leistungen

→ Nicht beitragsgedeckte Leistungen

Beitragszeiten

Zeiten, für die Pflichtbeiträge oder freiwillige Beiträge zur GRV gezahlt wurden.

Bruttolohnsumme

Summe der Bruttolöhne und -gehälter der abhängig Beschäftigten (ohne Arbeitgeberanteil). In die Rentenformel geht neben der Bruttolohnsumme aller abhängig Beschäftigten die beitragspflichtige Bruttolohnsumme der sozialversicherungspflichtig Beschäftigten (ohne Beamtengehälter und Lohnanteile oberhalb der Beitragsbemessungsgrenze).

Bundeszuschuss

Aus Steuern aufgebrachte Zuschüsse des Bundes zur gesetzlichen Rentenversicherung. Der Bundeszuschuss besteht aus: dem allgemeinen Bundeszuschuss, dem zusätzlichen Bundeszuschuss, der sich nach der Höhe des Aufkommens eines Mehrwertsteuerpunktes bemisst, dem Erhöhungsbetrag zum zusätzlichen Bundeszuschuss und dem Bundeszuschuss zur knappschaftlichen Rentenversicherung. Darüber hinaus zahlt der Bund aus Steuermitteln weitere → Bundeszuwendungen an die → Allgemeine Rentenversicherung.

Bundeszuwendungen

Laufende Transferzahlungen des Bundes an die → Allgemeine Rentenversicherung. Sie umfassen neben dem → Bundeszuschuss auch Beiträge für Kindererziehungszeiten für Geburten ab 1992, die zu den Beitragseinnahmen zählen, sowie verschiedene Erstattungen.

Eckrente

→ Standardrente

Eckrentner

→ Standardrentner

Entgeltpunkte

Recheneinheit der gesetzlichen Rentenversicherung zur Messung der relativen Rentenanwartschaft. Ein Entgeltpunkt entspricht der in einem Kalenderjahr erworbenen Anwartschaft eines Durchschnittsverdieners. Der Bruttolohn des Versicherten wird bis zur → Beitragsbemessungsgrenze zum Durchschnittsverdienst aller Versicherten ins Verhältnis gesetzt und in Entgeltpunkte umgerechnet. Die tatsächliche Rentenhöhe hängt von den → persönlichen Entgeltpunkten des Versicherten ab.

Erwerbslose

Differenz aus der Zahl der → Erwerbspersonen und der Zahl der → Erwerbstätigen.

Erwerbsminderungsrente (EM-Rente)

Rente wegen verminderter Erwerbsfähigkeit (früher Erwerbsunfähigkeitsrente, EU-Rente). EM-Renten werden als Renten wegen teilweiser oder wegen voller Erwerbsminderung gezahlt.

Erwerbspersonen

Personen im erwerbsfähigen Alter (in der Regel 15- bis 65 Jahre), die eine unmittelbar auf Erwerb gerichtete Tätigkeit ausüben oder suchen

Erwerbstätige

Personen, die eine auf Erwerb gerichtete Tätigkeit ausüben

Erziehungsrente

Rente für → Erziehungszeiten

Generationengerechtigkeit

Gleichgewichtige Verteilung von Kosten- und Nutzen über die einzelnen Generationen hinweg. In der GRV sind relative Aussagen anhand der → internen Rendite möglich.

Gesetzliche Rentenversicherung (GRV)

→ Allgemeine Rentenversicherung sowie → knappschaftliche Rentenversicherung.

Gesetzliches Renteneintrittsalter (Rentenalter, Rentenzugangsalter)

Gesetzlich festgelegtes Lebensalter, bei dessen Vollendung ein Versicherter Anspruch auf eine durch eigene Leistungen (Beiträge) erworbene → Versichertenrente hat und diese ohne Abschlag (Zuschlag) erhält. Das gesetzliche Renteneintrittsalter liegt bislang bei 65 Jahren. Für bestimmte Gruppen (z.B. Schwerbehinderte) gelten abweichende Regelungen.

Hinterbliebenenrente (Witwen, Witwer und Waisen)

Rente, die Hinterbliebene nach dem Tod des Versicherten erhalten, wenn die Wartezeit (5 Jahre) erfüllt ist. Auf die Renten an Witwen oder Witwer bzw. an über 18 Jahre alte Waisen ist gegebenenfalls eigenes Einkommen der Rentenberechtigten anzurechnen.

Interne Rendite (Interner Zinsfuß)

Zinssatz, bei dem der damit ermittelte → Barwert einer Zahlungsreihe Null wird.

Interne Zinsfußmethode

Finanzmathematisches Verfahren, das anhand der → internen Rendite die Vorteilhaftigkeit bzw. Rentabilität einer Reihe von Ein- und Auszahlungen (z.B. Beitrags- und Rentenzahlungen) bestimmt. Im Unterschied zur → Barwertmethode wird hier kein → Rechnungszinssatz vorgegeben. Ziel ist hier vielmehr gerade die Bestimmung eines Zinssatzes.

Kindererziehungsleistung

Mütter in den alten Bundesländern, die vor 1921 geboren sind, erhalten für im Inland geborene Kinder eine Kindererziehungsleistung.

Kindererziehungszeiten

Die Zeit der Erziehung eines Kindes nach dessen Geburt, die in der Rentenversicherung rentensteigernd anerkannt wird. Für Geburten vor dem 1.1.1992 werden der oder dem Erziehenden ein Entgeltpunkt, für Geburten ab dem 1.1.1992 drei Entgeltpunkte angerechnet. Die dafür vom Bund aus Steuermitteln an die Rentenversicherung geleisteten Zahlungen zählen dort zu den Beitragseinnahmen.

Knappschaftliche Rentenversicherung (KnV)

Rentenversicherung aller in Bergbaubetrieben beschäftigten Arbeiter und Angestellten.

Krankenversicherung der Rentner (KVdR)

Gesetzlicher Krankenversicherungsschutz für die Rentenempfänger. Pflichtversichert sind die Rentner, die während ihres Arbeitslebens überwiegend in der gesetzlichen Krankenversicherung versichert waren.

Lebenserwartung

Zahl der Jahre, die eine Person bestimmten Alters bei bestimmten Sterblichkeitsverhältnissen durchschnittlich noch zu leben hätte.

Lohnquote

Bruttolohn- und -gehaltssumme im Verhältnis zum Volkseinkommen bzw. Bruttoinlandsprodukt.

Midijob

Sozialversicherungspflichtige Beschäftigung mit einem monatlichen Bruttoeinkommen zwischen 401 und 800 Euro (Gleitzone). Der Arbeitgeber zahlt Sozialbeiträge in voller Höhe von gegenwärtig etwa 21 Prozent. Der Anteil des Arbeitnehmers steigt schrittweise von 4 auf 21 Prozent.

Minijob

Sozialversicherungspflichtige, so genannte geringfügige Beschäftigung mit einem monatlichen Bruttoeinkommen bis 400 Euro. Für Arbeitnehmer abgabenfrei, gewerbliche Arbeitgeber zahlen seit 1.7.2006 pauschal 15 Prozent Renten- und 13 Prozent Krankenversicherungsbeiträge sowie 2 Prozent Steuern zuzüglich 0,1 Prozent Umlage nach dem Aufwendungsausgleichsgesetz (AAG). Für Minijobber, die privat oder gar nicht krankenversichert sind, entfällt der Pauschalbeitrag zur Krankenversicherung. Privathaushalten zahlen als Arbeitgeber nur insgesamt nur 12,1 Prozent Pauschalabgaben.

Nachhaltigkeitsfaktor

Bestandteil der Rentenformel, mit dem die Folgen demographisch und wirtschaftlich bedingter Änderungen des → Rentnerquotienten im Zuge der jährlichen Rentenanpassung zwischen Beitragszahlern und Rentnern verteilt werden.

Nicht beitragsgedeckte Leistungen

Leistungen, denen keine Beitragszahlungen gegenüberstehen.

Niveausicherungsklausel

Rentenrechtliche Vorschrift, die verhindern soll, dass das → Rentenniveau unter eine bestimmte Grenze fällt. Danach ist die Bundesregierung verpflichtet, dem Gesetzgeber geeignete Schritte vorzuschlagen, wenn die → verfügbare Standardrente vor Steuern bis 2020 unter 46 Prozent bzw. bis 2030 unter 43 Prozent des → verfügbaren Durchschnittsentgelts vor Steuern zu sinken droht.

Persönliche Entgeltpunkte

Grundlage der individuellen Rentenhöhe eines Versicherten, entspricht den bis zum Renteneintritt erworbenen → Entgeltpunkten multipliziert mit dem vom tatsächlichen Renteneintrittsalter abhängigen → Zugangsfaktor

Pflegeversicherung der Rentner (PVdR)

Gesetzliche Absicherung des Pflegerisikos seit 1995. Rentner erhielten bis April 2004 einen Zuschuss zu ihren Pflichtbeiträgen.

Rechnungszinssatz (kalkulatorischer Zinssatz, Diskontierungszinssatz)

Angenommener Zinssatz, mit dem ein Geldbetrag oder eine einzelne Zahlungsreihe auf einen bestimmten Zeitpunkt auf- oder abgezinst wird, d.h. mit der der → Barwert ermittelt wird.

Regelaltersrente

Rente wegen Alters, die mit Vollendung des → gesetzlichen Renteneintrittsalters abschlagsfrei bezogen werden kann, sofern die allgemeine → Wartezeit von 5 Jahren erfüllt ist.

Rehabilitation

Durch die GRV finanzierte medizinische Hilfen, die bei Krankheit erforderlich sind, um einer drohenden Behinderung vorzubeugen oder eine bereits eingetretene Behinderung zu beseitigen, zu bessern und Erwerbsminderung zu verhindern.

Rendite

→ Interne Rendite

Rente wegen Tod

Abgeleitete, d.h. im Unterschied zur → Versichertenrente nicht durch eigene Beiträge erworbene Rente. In der amtlichen Abgrenzung zählt dazu neben der → Hinterbliebenenrente auch die → Erziehungsrente.

Rentenanpassungsformel

Sie bestimmt die Höhe des → aktuellen Rentenwerts. In sie gehen die durchschnittlichen Bruttoentgelte der Versicherten, die Beitragssätze zur gesetzlichen RV, die Vorsorgesätze für die →„Riester-Rente" sowie der →Nachhaltigkeitsfaktor ein.

Rentenbezugsdauer

Zeitraum, in dem der Versicherte eine Rente bezieht

Rentenniveau

Prozentuales Verhältnis von Brutto- bzw. Nettorente eines Versicherten zu dessen früherem Brutto- bzw. Nettolohn

Rentnerquotient

Normiertes Verhältnis von Leistungsempfängern (→ Äquivalenzrentnern) und Zahlern (→ Äquivalenzbeitragszahlern), das bei der Rentenanpassung berücksichtigt wird (→ Nachhaltigkeitsfaktor).

„Riester-Rente“

Freiwillige, staatlich geförderte, ergänzende private oder betriebliche Altersvorsorge. Sie wurde im Rahmen der Rentenreform 2001 vom damaligen Bundesminister für Arbeit und Sozialordnung, Walter Riester, eingeführt.

„Rürup-Kommission“

Vom BMGS 2002 eingerichtete Kommission für die Nachhaltigkeit in der Finanzierung der sozialen Sicherungssysteme unter Vorsitz von Professor Dr. Bert Rürup. Sie legte 2003 einen umfassenden Bericht vor.

Sachverständigenrat zur Begutachtung der gesamtwirtschaftlichen Entwicklung (SVR)

Er wird vom Bundespräsidenten auf Vorschlag der Bundesregierung berufen und legt jährlich einen Bericht zur gesamtwirtschaftlichen Lage vor. Er besteht aus fünf unabhängigen Sachverständigen, die über besondere wirtschaftliche Kenntnisse und volkswirtschaftliche Erfahrungen verfügen.

Schutzklausel (Sicherungsklausel)

Gesetzliche Vorschrift, die Rentenkürzungen verhindert, wenn zwar die Löhne geringfügig steigen, die Renten aber aufgrund der Rentenanpassungsformel sinken würden. Entsprechend sind der Faktor für die Veränderung des durchschnittlichen Beitragssatzes in der Allgemeinen Rentenversicherung und der → Nachhaltigkeitsfaktor so weit nicht anzuwenden, als die Wirkung dieser Faktoren in ihrem Zusammenwirken den bisherigen → aktuellen Rentenwert verringert oder einen geringer als bisher festzusetzenden aktuellen Rentenwert zusätzlich verringert.

Sozialbeirat

Er wird von der Bundesregierung berufen und nimmt in einem Gutachten zum Rentenversicherungsbericht der Bundesregierung Stellung. Er besteht aus je einem Vertreter der Versicherten und der Arbeitgeber, einem Vertreter der Deutschen Bundesbank und drei Vertretern der Wirtschafts- und Sozialwissenschaften.

Sozialversicherungspflichtig Beschäftigte (SV-Beschäftigte)

Alle Arbeiter, Angestellten und Personen in beruflicher Ausbildung, die in der gesetzlichen Renten-, Kranken-, Pflege- und/oder Arbeitslosenversicherung pflichtversichert sind und für die Beitragsanteile zur gesetzlichen Rentenversicherung gezahlt werden.

Standardrente

Rente eines → Standardrentners

Standardrentner

Ein Rentner, der über 45 Versicherungsjahre hinweg stets das Durchschnittsentgelt aller Versicherten erzielt und darauf Beiträge geleistet hat.

Verfügbare Standardrente vor Steuern

Standardrente (brutto) abzüglich Beitrag für → KVdR und → PVdR (Rentneranteil).

Verfügbares Durchschnittsentgelt vor Steuern

Durchschnittlicher beitragspflichtiger Bruttolohn der sozialversicherungspflichtig Beschäftigten abzüglich Sozialversicherungsbeiträge (Arbeitnehmeranteil) und durchschnittlichen Beitrag zur zusätzlichen (privaten) Altersvorsorge („Riester-Beitrag").

Versichertenrente

Renten aufgrund eigener (Beitrags)leistungen des Versicherten. Dazu gehören → Altersrenten und → Erwerbsminderungsrenten im Unterschied zu den → Renten wegen Tod.

Versicherungsfremde Leistungen

→ Nicht beitragsgedeckte Leistungen.

Versicherungsmathematisch (aktuarisch) fair

Versicherungsbeiträge (Prämien) und versicherungsmathematische Ab- oder Zuschläge sind fair kalkuliert, wenn (für die Versicherten eines Geburtsjahrgangs) bei gegebenem → Rechnungszinssatz die (erwarteten) → Barwerte der eingezahlten Beiträge und der ausbezahlten Versicherungsleistungen gleich sind, d.h. wenn der Nettobarwert aller Zahlungen über den gesamten Versicherungslebenslauf Null ist.

Versicherungsmathematische Abschläge (Zuschläge)

Für jeden Monat, um den der Renteneintritt vor (nach) Vollendung des → gesetzlichen Renteneintrittsalter erfolgt, mindert (erhöht) sich die Rente um 0,3 (0,5) Prozent. Damit sollen finanzielle Vorteile (Nachteile) (→ versicherungsmathematisch fair) ausgeglichen werden.

Wartezeit

Zeit, die Versicherte in der gesetzlichen Rentenversicherung verbracht haben müssen, um Anspruch auf eine Rente zu haben. Dazu zählen neben den → Beitragszeiten noch andere rentenrechtliche Zeiten z.B. Anrechnungszeiten für Ausbildung. Länge und Abgrenzung der jeweiligen Wartezeit variieren je nach Renteart.

Witwen-/Witwerrente

→ Hinterbliebenenrente

Zugangsfaktor

Faktor zur Berücksichtigung eines vorgezogenen oder hinausgeschobenen Rentenbeginns. Wird die Rente ab Vollendung des → gesetzlichen Renteneintrittsalters bezogen, ist der Zugangsfaktor eins, sonst werden → versicherungsmathematische Abschläge (Zuschläge) abgezogen (hinzuaddiert).

Zuschuss zur KVdR

Die gesetzliche Rentenversicherung leistet einen Zuschuss zur KVdR. Er dient zum teilweisen Ausgleich der Belastung, die Rentnern durch ihre Krankenversicherung entstehen.

Literaturverzeichnis

Antolin, Pabloa/Scarpetta, Stefano (1998), Microeconometric Analysis of the Retirement Decision: Germany, OECD Economic Department, Working Paper 204, Paris.

Babel, Bernhard/Bomsdorf, Eckart (2006), Ist die Erhöhung des gesetzlichen Rentenzugangsalters nur eine Rentenkürzung?, in: Wirtschaftsdienst, 86/7, S. 479-484.

Bomsdorf, Eckart (2003), Sterbewahrscheinlichkeiten der Periodensterbetafeln für die Jahre 2000 bis 2150. Modellrechnungen für die Bundesrepublik Deutschland im Auftrag des IWG BONN, Köln, unveröffentlicht.

Bomsdorf, Eckart (2005), Ein Vorschlag zur Sicherung der Wirkung des Nachhaltigkeitsfaktors in der Rentenversicherung, in: Deutsche Rentenversicherung, 60/12, S. 665-674.

Börsch-Supan, Axel (2004), Faire Abschläge in der gesetzlichen Rentenversicherung, in: Sozialer Fortschritt, 53/10, S. 258-261.

Brall, Natalie/Dünn, Sylvia/Fasshauer, Stefan (2005), Zu den Einflussfaktoren der Rentenanpassung und deren verfassungsrechtlichen Grenzen, in: Deutsche Rentenversicherung, 60/8-9, S. 460-488.

Bundesministerium für Arbeit und Soziales (BMAS) (2006/1), Erhöhung des Renteneintrittsalters von 65 auf 67 Jahre, Pressenachricht vom 2. Februar, (www.bmas.bund.de).

Bundesministerium für Arbeit und Soziales (BMAS) (2006/2), Die Initiative 50plus, Pressenachricht vom 20. Juli, Berlin (www.bmas.bund.de).

Bundesministerium für Arbeit und Soziales (BMAS) (2006/3), Initiative 50plus: Eckpunkte zur Erhöhung der Beschäftigungsfähigkeit und der Beschäftigungschancen älterer Menschen in Deutschland, 13. September, Berlin (www.bmas.bund.de).

Bundesministerium für Arbeit und Soziales (BMAS) (2006/4), Vereinbarung der Koalitionsarbeitsgruppe Rentenversicherung zur Umsetzung der Maßnahmen in der Alterssicherung, 23. Oktober 2006, Berlin (www.bmas.bund.de).

Bundesministerium für Familie, Senioren, Frauen und Jugend (BMFSFJ) (2006), Fünfter Bericht zur Lage der älteren Generation in der Bundesrepublik Deutschland: Potenziale des Alters in Wirtschaft und Gesellschaft. Der Beitrag älterer Menschen zum Zusammenhalt der Generationen – Bericht der Sachverständigenkommission, Berlin (www.bmfsfj.de).

Bundesministerium für Gesundheit und Soziale Sicherung (BMGS) (2005), Rendite der gesetzlichen Rentenversicherung ist auch in Zukunft positiv (Pressemitteilung vom 29. Juni), Berlin.

Bundesregierung (2001), Dritter Bericht zur Lage der älteren Generation in der Bundesrepublik Deutschland: Alter und Gesellschaft und Stellungnahme der Bundesregierung (Dritter Altenbericht), Bundestagsdrucksache 14/5130, Berlin.

Bundesregierung (2006), Entwicklung und Bestand von arbeitsmarktbedingten Erwerbsminderungsrenten – Antwort der Bundesregierung auf die Kleine Anfrage der Fraktion der FDP, Bundestagsdrucksache 16/1189, Berlin.

Bundesregierung, Bericht über die gesetzliche Rentenversicherung (Rentenversicherungsbericht), fortlaufend, Berlin u.a.

CDU/CSU/SPD (2005), Gemeinsam für Deutschland – mit Mut zur Menschlichkeit. Koalitionsvertrag zwischen CDU, CSU und SPD vom 11. November, Berlin.

Clemens, Johannes (2004), Versicherungsmathematisch „faire" Abschläge bei vorzeitigem Renteneintritt, in: Wirtschaftsdienst, 84/3, S. 161-165.

Deutsche Rentenversicherung (DRV) (früher VDR), Rentenversicherung in Zeitreihen, fortlaufend, Berlin.

Eichhorst, Werner (2006), Beschäftigung Älterer in Deutschland: Der unvollständige Paradigmenwechsel, IZA Discussion Paper, 1985, Bonn (ftp.iza.org/dps/dp1985.pdf).

Gasche, Martin (2005), Neue Rentenanpassungsformel: „Schutzklausel" erfordert „Nachhaltigkeitsfaktor", in: Wirtschaftsdienst, 85/7, S. 471-476.

Homburg, Stefan (1988), Theorie der Alterssicherung, Berlin u.a.

IWG BONN (2006), Stiftung Warentest bestätigt eindrucksvoll Renditeberechnungen des IWG BONN, Pressemitteilung vom 1. August 2006, Bonn (www.iwg-bonn.de).

Kaldybajew, Kalamkas/Thiede, Reinhold (2004), Abschlagsfreier vorzeitiger Rentenbeginn für langjährig Versicherte? Analysen und Anmerkungen zu einem populären Modell, in: Die Angestelltenversicherung, 51/11, S. 497-505.

Kommission für Nachhaltigkeit in der Finanzierung der Sozialen Sicherungssysteme („Rürup-Kommission") (2003), Nachhaltigkeit in der Finanzierung der Sozialen Sicherungssysteme – Bericht der Kommission, Berlin.

Kraatz, Susanne/Rhein, Thomas/Sproß, Cornelia (2006), Beschäftigung Älterer: Warum sind einige Länder erfolgreicher als andere?, in: Bundesarbeitsblatt, 6, S. 21-29.

Kroker, Rolf/Pimpertz, J. (2003), Belastungsneutrale Abschläge bei Frühverrentung, in: iw-Trends, 30/4, S. 26-36.

Nebeling, Martin (2006), Renteneintritt – Was passiert bei der Renten mit 67 Jahren, wenn der Arbeitsvertrag die Grenze bei 65 Jahren setzt? In: FAZ, 13. Mai, S. 57.

OECD, Employment Outlook, fortlaufend, Paris.

Ohsmann, Sabine/Stolz, Ulrich (2004), Entwicklung der Rendite in der gesetzlichen Rentenversicherung - Betrachtungen zur Rendite der aktuellen und künftigen Altersrenten, in: Die deutsche Angestelltenversicherung 2, S. 56-62.

Ohsmann, Sabine/Stolz, Ulrich/Thiede, Reinhold (2004a), Rentenabschläge bei vorzeitigem Rentenbeginn: Was ist versicherungsmathematisch fair? In: Sozialer Fortschritt, 53/10, S. 267-271.

Ohsmann, Sabine/Stolz, Ulrich/Thiede, Reinhold (2004b), Rentenabschläge bei vorgezogenem Rentenbeginn: Welche Abschlagssätze sind „richtig"? in: Die Angestelltenversicherung, 50/4, S. 171-179.

Ottnad, Adrian (2006), Steigende Abgaben – sinkende Leistungen. Die Politik auf schmalem Grat, München.

Ottnad, Adrian/Wahl, Stefanie (2005), Die Renditen der gesetzlichen Rente. Für Junge ein schlechtes Geschäft, Deutsches Institut für Altersvorsorge GmbH (Hrsg.), Köln.

Pfeiffer, Ulrich/Simonis, Harald (2004), Frühruhestand vor dem Ende. Die kurzfristigen Auswirkungen auf den Arbeitsmarkt, Deutsches Institut für Altersvorsorge GmbH (Hrsg.), Köln.

Pimpertz, Jochen (2004), Wie hoch sollten Rentenabschläge bemessen sein? In: Sozialer Fortschritt, 53/10, S. 262-267.

Prager, Jens U./Schleiter, André (2006), Älter werden – aktiv bleiben. Ergebnisse einer repräsentativen Umfrage unter Erwerbstätigen in Deutschland, Gütersloh.

Rehfeld, Uwe. G. (2006), Gesundheitsbedingte Frühverrentung, Gesundheitsberichterstattung des Bundes, H. 30, Berlin.

Rische, Herbert (2006), Bewertung der Reformvorschläge in der Rentenversicherung. Pressekontaktseminar der Deutschen Rentenversicherung Bund am 26. und 27. Juli 2006 in Berlin (www.deutsche-rentenversicherung-bund.de).

Ruland, Franz (1995), Versicherungsfremde Leistungen in der gesetzlichen Rentenversicherung, in: DRV, 50/1, S. 28-38.

Sachverständigenrat zur Begutachtung der gesamtwirtschaftlichen Entwicklung (SVR), Jahresgutachten (JG), fortlaufend, Berlin, Bonn.

Sachverständigenrat zur Begutachtung der gesamtwirtschaftlichen Entwicklung (SVR) (2006), Arbeitslosengeld II reformieren: Ein zielgerichtetes Kombilohnmodell. Expertise im Auftrag des Bundesministers für Wirtschaft und Technologie, Wiesbaden (www.sachverstaendigenrat.org).

Salthammer, Klaus (2003), Berechnung von versicherungsmathematischen Abschlägen bei vorzeitigem Rentenbezug im Umlageverfahren, in: Deutsche Rentenversicherung, 58/10, S. 613-619.

Schnabel, Reinhold (2001), Die Rentenreform 2001. Gutachten zur Rentabilität, Generationengerechtigkeit und den wirtschaftlichen Annahmen der Regierung, Deutsches Institut für Altersvorsorge GmbH (Hrsg.), Köln.

Schnabel, Reinhold (2004), Die nachgelagerte Besteuerung der Altersvorsorge. Wirkungen und Handlungsalternativen, Deutsches Institut für Altersvorsorge GmbH (Hrsg.), Köln.

Schnabel, Reinhold (2005), Modellrechnungen zur langfristigen Entwicklung der gesetzlichen Rentenversicherung im Auftrag des IWG BONN, Bonn, unveröffentlicht.

Seidl, Christian (2006a), Eine umfassende Steuer- und Abgabenreform für Deutschland: Eine flat tax mit Sozialkomponente, in: Seidl, Christian (Hrsg.), Steuer und Soziale Sicherheit in Deutschland. Reformvorschläge und deren finanzielle Auswirkungen, Heidelberg, S. 177-220.

Seidl, Christian (2006b), Vorwort, in: Seidl, Christian (Hrsg.), Steuer und Soziale Sicherheit in Deutschland. Reformvorschläge und deren finanzielle Auswirkungen, Heidelberg, S. V-XIX.

Sozialbeirat (2005), Gutachten zum Rentenversicherungsbericht 2005 und zum Alterssicherungsbericht 2005, fortlaufend, Berlin u.a.

Sozialbeirat, Gutachten zum Rentenversicherungsbericht, fortlaufend (bis 2004), Berlin u.a.

Statistisches Bundesamt (StBA) (2006), Generationensterbetafeln für Deutschland, Modellrechnungen für die Geburtsjahrgänge 1871-2004, Wiesbaden (www.destatis.de).

Statistisches Bundesamt (StBA), diverse Fachserien (FS) und Reihen (R), fortlaufend, Wiesbaden (www.destatis.de).

Stiftung Warentest (2006), Immer im Plus, in: Finanztest, 5, S. 30-33.

Thiede, Reinhold (2006), Renditen der Rentenversicherung für Rentenzugänge in den Jahren 2006 bis 2040 – Materialien zum Vortrag auf dem Pressekontaktseminar der Deutschen Rentenversicherung Bund am 26. und 27. Juli 2006, Berlin (auf Anfrage überlassen).

Verband Deutscher Rentenversicherungsträger (VDR) (2004/1), Stellungnahme zum RV-Nachhaltigkeitsgesetz, Frankfurt/M. (www.vdr.de).

Verband Deutscher Rentenversicherungsträger (VDR) (2004/2), Bericht der Bundesregierung zur Entwicklung der nicht beitragsgedeckten Leistungen und der Bundesleistungen an die Rentenversicherung vom 13. August, in: DRV, 59/10, S. 569-585.

Verband Deutscher Rentenversicherungsträger (VDR) (2005), Rentenrenditen auch in Zukunft positiv – Rürup, Ruland, Rische: Rentner bekommen auch in Zukunft mehr raus, als sie eingezahlt haben (VDR-Pressemitteilung vom 29. Juni), Berlin.

Viebrock, Holger (2006), Finanzielle Bedeutung und Verteilung von Erwerbsminderungsrenten aus der Gesetzlichen Rentenversicherung, in: Deutsche Rentenversicherung, 61/6, S. 325-346.

Werding, Martin/Kaltschütz, Anita (2005), Modellrechnungen zur langfristigen Tragfähigkeit der öffentlichen Finanzen, München.

Wilke, Christina Benita (2005), Rates of Return of the German PAYG-System – How they can be measured and how they will develop, MEA-Discussionpaper, 97, Mannheim.

Windhövel, Kerstin, C.M. (2003), Gesetzliche Rentenversicherung und Kapitalakkumulation. Eine Projektionsanalyse bis ins Jahr 2050, Münster.

Zweifel, Peter/Eisen, Roland (2000), Versicherungsökonomie, Berlin u.a.

Deutsches Institut für Altersvorsorge

Impulse für die Zukunft geben

Private Altersvorsorge als zentrales Thema der Gesellschaft wird in Zukunft noch stärker an Bedeutung gewinnen. Denn immer mehr Rentner müssen von immer weniger Beitragszahlern in der gesetzlichen Rentenversicherung versorgt werden. Das führt zu Einbußen im Lebensstandard, wird die private und betriebliche Altersvorsorge nicht deutlich verstärkt.

Analysieren, informieren, diskutieren

Das Deutsche Institut für Altersvorsorge will hier konstruktive Beiträge leisten – durch Studien und Projekte mit klaren, verständlichen und fundierten Informationen.

Der wissenschaftliche Schwerpunkt liegt in Beobachtung, Analyse und Fortentwicklung staatlicher und privater Systeme zur finanziellen Altersvorsorge sowie Erforschung der Einstellung der Bevölkerung zur Altersvorsorge. Die Ergebnisse werden mit Experten diskutiert und in Form von Büchern für die interessierte Öffentlichkeit publiziert. Ziel des Instituts ist es also, Chancen und Risiken der Altersvorsorge bewusst zu machen und die private Initiative zu fördern.

Im Verbund der Deutsche Bank- und Zürich-Gruppe

Gesellschafter des Instituts sind die Deutsche Bank AG, Deutsche Bank Bauspar AG, DWS Investment GmbH und Deutscher Herold AG. Kooperationspartner: Deutsche Bank Privat- und Geschäftskunden AG.

Neutral und unabhängig

Das Institut arbeitet neutral und versteht sich in erster Linie als objektiver Informant der Medien und der Bevölkerung. Es arbeitet unabhängig von Marketing- und Vertriebsaktivitäten seiner Gesellschafter.

Deutsches Institut für Altersvorsorge

Berater des Instituts

Prof. Dr. Meinhard Miegel, Bonn (Wissenschaft und Forschung)

Ansprechpartner

Bernd Katzenstein (Projektkoordinator und Sprecher des Instituts)
Werner Janzen, Frankfurt (Geschäftsführer)
Karl-Heinz Buchholz, Köln (Geschäftsführer)

Deutsches Institut für Altersvorsorge GmbH
Hansaring 61 · 50670 Köln
Telefon: (0221) 161 21 13 · Telefax: (0221) 161 25 69
www.dia-vorsorge.de · E-Mail: info@dia-vorsorge.de

Deutsches Institut für Altersvorsorge

Weitere Studien:

- Vermögensbildung unter neuen Rahmenbedingungen, 2000
- Die Reformbereitschaft der Bürger – Eine Umfrage in vier Ländern, 2000
- Altersvorsorge für Journalisten, 2001
- Die Rentenreform 2001 – Gutachten zur Rentabilität, Generationengerechtigkeit und den wirtschaftlichen Annahmen der Regierung, 2001
- Die Deutschen und ihr Geld – Einkommen, Vermögen und Alterssicherung, 2001
- Frauen und ihre Altersvorsorge – Wunsch und Wirklichkeit, 2001
- Sparen in Deutschland – Ergebnisse der ersten SAVE-Studie, 2002
- Erben in Deutschland – Volumen, Psychologie und gesamtwirtschaftliche Auswirkungen, 2002
- Lebensstandard im Alter – Warum Senioren in Zukunft mehr Geld brauchen, 2002
- Lebenswelten 2020 – So werden wir leben, Neuauflage mit aktualisiertem Vorwort, 2003
- Demographie und Kapitalmärkte – Die Auswirkung der Alterung auf Aktien-, Renten- und Immobilienvermögen, 2003
- Private Altersvorsorge am Beispiel der „Riester-Rente", 2003
- Private Lebensökonomie und staatlicher Einfluss – Neue Strategien zur Vermögensbildung, 2003
- Akzeptanzprobleme bei Rentenreformen, 2004
- Die nachgelagerte Besteuerung der Altersvorsorge – Wirkungen und Handlungsalternativen, 2004

Deutsches Institut für Altersvorsorge

- Frühruhestand vor dem Ende – Die kurzfristigen Auswirkungen auf den Arbeitsmarkt, 2004
- Länger arbeiten im Alter – Möglichkeiten und Grenzen, 2005
- Neue Impulse für die staatlich geförderte Rente, 2005
- Die Renditen der gesetzlichen Rente, 2005
- Rentenlücken und Lebenserwartung – Wie sich die Deutschen auf den Anstieg vorbereiten, 2005
- Betriebliche Altersvorsorge: Automatik statt Zwang – Warum das Opting-Out-Modell besser ist, 2005
- Mehr Altersvorsorge durch kürzere Ausbildungszeiten, 2005
- Eigenheimförderung in Europa – Was Deutschland von anderen Ländern lernen kann, 2006
- Zwischen Generationenvertrag und Eigenvorsorge – Wie Europa auf den demographischen Wandel reagiert, 2006